Animer un atelier d'écriture pour tous

Groupe Eyrolles
61, bd Saint-Germain
75240 Paris Cedex 05

www.editions-eyrolles.com

Dans la collection LES ATELIERS D'ÉCRITURE, chez le même éditeur :

Alain BELLET, *Écrire un roman policier et se faire publier*

Josette CARPENTIER, *L'écriture créative*

Franck HARO, *Écrire un scénario pour le cinéma*

Patrick JUSSEAUX, *Écrire un discours*

Bob MAYER, *Écrire un roman et se faire publier*

Marianne MAZARS, *Écrire ses mémoires*

Mireille POCHARD, *Écrire une nouvelle et se faire publier*

Michèle RESSI, *Écrire pour le théâtre*

Faly STACHAK, *Écrire, un plaisir à la portée de tous*

Faly STACHAK, *Écrire pour la jeunesse*

© Groupe Eyrolles, 2010
ISBN : 978-2-212-54561-6

Évelyne Plantier

Animer un atelier d'écriture pour tous

EYROLLES

« Désencombrez votre âme. Déséchouez vos échecs. Désenchantez le désespoir. Désenchaînez l'espoir.
Délivrez la folie. Désamorcez vos peurs.
Désarrimez vos cœurs. Désespérez la Mort.
Dénaturez l'inné. Désincrustez l'acquis. Désapprenez-vous. Soyez nu. »
Jacques Lacarrière

Avertissement

La méthode que vous avez entre les mains constitue une armature pratique de dispositifs qui ont largement fait leurs preuves auprès de tout public : adolescents en collèges et lycées d'enseignement général, technologique et professionnel, parents, équipes de professionnels en entreprise, adultes en recherche d'insertion sociale, étudiants.

Cependant, la garantie de réussite ne peut être donnée que par une formation directe et vivante : il faut avoir perçu et ressenti de quelle qualité d'écoute et de réaction on peut avoir besoin pour dispenser à son tour un accompagnement efficace auprès des publics pour qui l'écriture n'est pas familière.

De plus, et c'est encore le plus important, la découverte de ses propres ressources ne peut se faire qu'au sein d'un groupe, avec la conduite d'un professionnel apte à créer un jeu d'écoute interactive fécond.

De la même manière qu'un psychanalyste doit avoir traversé lui-même une psychanalyse, vous devez avoir suivi un stage de formation en Atelier d'Écriture Partagé pour ne pas vous mettre en danger face aux participants.

La formation autour du cycle I dure deux jours. Les formations des cycles II, III et IV dure trois jours. Elles sont agréées par plusieurs organismes financeurs de formation continue (Formiris, OPCA, IFEAP…) et s'adressent à tous : enseignants, éducateurs, personnels hospitaliers, animateurs, conseillers en insertion, bénévoles d'association. Selon l'habitude que vous avez d'animer des ateliers d'écriture, vous pouvez choisir de commencer directement au cycle II, III ou IV.

Les techniques qui suivent ne sont utilisables qu'à condition d'avoir préalablement accompli ce travail personnel.

Sommaire

CYCLE I

ÉCRIRE : SE BASER SUR SON IDENTITÉ ET AIGUISER SA PERCEPTION DU MONDE

Cycle II

Écrire : approfondir sa relation avec sa propre vie, entrer dans l'univers symbolique

CYCLE III

ÉCRIRE : ENTRER EN SYMPATHIE AVEC LE MONDE

CYCLE IV

ÉCRIRE : ENTRER EN SYMPATHIE AVEC SOI-MÊME

L'Atelier d'Écriture Partagé : une bombe de paix

Annexes

Avant-propos

Écrire, c'est vivre un peu plus. Pourquoi écrit-on ? Parce que les écrits restent… Parce que les mots prennent leur poids dans ce corps à corps mystérieux avec la matière, qu'elle soit feuille blanche ou écran d'ordinateur. Le mot écrit, c'est le poids du monde. Écrire est une chose grave, toujours. Et comme c'est une chose grave, c'est aussi une chose qui délivre. Parce que cet acte part du plus profond de vous-même. De votre centre de gravité.

Les mots que vous prononcez peuvent effleurer vos lèvres, effleurer votre cœur. Ces mots-là peuvent partir de la surface – celle qu'on use sans parvenir à entamer la peine qu'elle recouvre. Ceux que vous écrivez sont plus difficiles à extraire. C'est un exercice qui demande plus d'humilité. Pourtant, dès que vous leur avez fait l'avance de votre confiance, que vous avez commencé à écrire, n'importe quoi, de n'importe quelle façon, alors les mots se pressent. Pour peu que vous les accueilliez sans jugement, ils viendront de partout, de plus loin, de plus haut, et tous ces lieux seront encore vous-même. Vous vous rendrez compte alors que vous êtes plus vaste que vous ne le pensiez, que vous êtes un véritable univers et que, dans cet univers, les douleurs prennent moins de place qu'il n'y paraissait. Car c'est là que tout se joue. Comme vos douleurs sont dures et inextensibles et comme la nature a horreur du vide, cet espace nouveau se remplit tout naturellement du bonheur de vivre. Si, en plus, vous avez écrit pour quelqu'un qui vous a écouté, alors tout est ratifié. Votre univers ne se rétrécira plus. Vous repartirez avec le même volume de douleurs ou d'amertume, mais tout autour, et souvent à perte de vue, la marée de la vie aura recouvert la baie.

Tous ceux qui ont fréquenté un Atelier d'Écriture Partagé connaissent cette magie naturelle de la personne. Il révèle la dignité de chacun en même temps que son humilité, car toute personne revêt une égale dignité. Et nous sommes si nombreux à être uniques ! Dès lors, toute rencontre est une aventure polychrome. Pour animer un Atelier d'Écriture Partagé, il ne faut qu'une chose : l'appétit d'aimer, la fringale d'écouter, bref : l'élan vers l'autre. Bien sûr, la recherche de qualité de la chose écrite est une chose importante, mais elle sert une fin plus grande encore qui est la création de soi. Écrire n'est pas un acte laborieux. C'est un acte de joie, un acte constructeur. En Atelier d'Écriture Partagé, on ne retravaille pas un texte, on se retravaille soi-même, pour que, d'une production à l'autre, le regard se fasse plus aigu, plus pénétrant, le cœur plus large, le verbe plus inspiré. C'est ainsi qu'on vit comme on écrit, et non le contraire. Il n'existe pas d'auteur excellent dans un homme raté ; du reste, il n'existe pas d'homme raté, ni d'existence inutile. Écrire, c'est découvrir que je suis le seul penseur de mon univers et que j'ai tout pouvoir sur la lumière qui l'habite.

Voilà pourquoi l'Atelier d'Écriture Partagé a sa place partout où l'on vit, partout où l'on souffre, partout où l'on cherche. Il est à la portée de tous, et chacun y trouvera exactement ce dont il a le plus besoin, comme on fabrique un médicament à partir de ses propres humeurs. Tel que je le propose ici, ce baume a fonctionné auprès des adolescents, dans les milieux de l'insertion, et auprès d'un large public adulte venu de tous les horizons sociaux et culturels. Il a chaque fois permis la rencontre des contraires, la circulation de la parole fraternelle, même au sein des groupes les plus disparates, la production de textes dont jamais les auteurs ne se seraient crus capables. Ce sont là les miracles ordinaires de l'humanité.

Présentation de l'Atelier d'Écriture Partagé

L'atelier d'écriture, qu'est-ce que c'est ?

Malgré le développement à croissance rapide des ateliers d'écriture, on ignore encore souvent comment ceux-ci fonctionnent. L'atelier d'écriture, c'est le principe du captage des eaux : on restreint, on contraint, et on obtient la pression. L'atelier d'écriture est le lieu de la plus grande liberté à l'intérieur de la plus grande contrainte.

Vous avez dit « contrainte » ?

Contrainte du lieu, tout d'abord. Un groupe de personnes est assis autour d'une table, tout se passe là. Pas moyen d'en sortir.

Contrainte de la motivation d'écriture, ensuite. L'animateur donne une contrainte, l'explicite longuement, lit des extraits sans en donner les textes aux participants, pose avec précision les cadres de sa demande.

Contrainte du temps, enfin. Dans un temps donné par l'animateur (5 à 30 minutes, en général, selon les productions), il faut écrire… Et on écrit !

Contrainte du don, par-dessus tout. Les règles du jeu sont sans appel : chacun doit lire sa production aussitôt après l'avoir écrite, à tour de rôle et en toute humilité. Pas de manières, pas de tricherie, on donne à voir ce que l'on vient de faire.

Et j'écris ton nom, « liberté »

Essayez un peu de vous placer devant une feuille blanche et d'écrire ce que vous voulez. Pendant quelques minutes au moins, rien ne vient : libre à l'extérieur, bloqué à l'intérieur. Si l'on vous demande ensuite d'écrire la liste des objets qui vous sont les plus indispensables, votre stylo courra plus vite que vous, les idées afflueront, et cette liste anodine vous mènera à un certain nombre d'autres idées. Aussi paradoxal que cela paraisse, la contrainte libère. À l'intérieur de ce canal jaillit votre créativité.

La contrainte du temps a aussi son utilité : vous ne pouvez vous permettre de perdre du temps à vous juger. Poussé par l'urgence, vous écrivez sans vous demander comment vous serez perçu, sans travailler votre image, sans ce douloureux orgueil de la dévalorisation de soi.

Enfin, la contrainte du don au groupe est essentielle. En donnant sans réserve ce que vous venez de produire, sans rien attendre des autres que leur écoute – ce qu'ils vous donnent d'avance –, vous vous affranchissez d'un maître de mauvaise foi, tyrannique et capricieux : vous-même.

Les ateliers d'écriture fleurissent en France depuis les années 1970, sous des formes diverses et avec des objectifs différents. Les premiers ont vu le jour sous l'influence de l'Oulipo, « l'Ouvroir de Littérature Potentielle », autour de Raymond Queneau puis d'un cénacle d'écrivains dont Georges Perec et Italo Calvino, autour de l'idée centrale selon laquelle la contrainte pouvait libérer l'écriture vers la production de textes le plus souvent dénués de toute recherche de sens. Imagination, plaisir, jeu, virtuosité verbale étaient les maîtres mots de ces pères de l'atelier d'écriture.

À leur suite, le travail d'Élisabeth Bing a eu l'immense mérite d'éclairer la charge affective du mot écrit. Selon elle, le mot écrit est notre chair, il est fragile, sensible et immensément puissant. Il est capable de contenir notre vie même. Peu structurés, les ateliers d'Élisabeth Bing étaient fondés sur son charme maternel. L'écriture y était au service de la Personne et on ne s'y souciait pas d'efficacité littéraire. Émotion, régression : on l'a parfois accusée de faire de la psychanalyse sauvage. Plusieurs de ses disciples se sont écartés de sa mouvance pour se rapprocher de plus près de la production littéraire. Le plus connu est Alain André, un des fondateurs de l'Aleph (« Babel heureuse : l'atelier d'écriture au service de la création littéraire »). Par la suite a vu le jour une multitude d'écoles à tendances littéraires mais aussi psychologiques, initiatiques, ludiques, techniques et volontaristes, existentielles… La plupart d'entre elles se sont placées entre l'atelier d'écriture thérapeutique ou psychanalytique, polarisé sur la personne que l'écriture révèle, parcourt, clarifie, et l'atelier d'écriture littéraire ou professionnel, polarisé sur la production de texte. Un aspect leur est commun à tous : la qualité de la plongée intrapersonnelle, plus ou moins technique, permise par des temps d'écriture d'au moins une demi-heure.

L'Atelier d'Écriture Partagé, qu'est-ce que c'est ?

La démarche qui vous est présentée ici est au carrefour de ces différentes influences : ni véritablement analytique, ni littéraire, ni thérapeutique, elle s'inspire de tous ces courants.

L'Atelier d'Écriture Partagé est avant tout centré sur la personne, mais la personne en tant qu'entité interdépendante. Il n'est pas question d'un groupe d'écrivants individuels, mais d'un ensemble organique qui éclaire la mobilité et le devenir dynamique de chacun. L'écriture est outil non d'analyse, mais de création. D'une production à l'autre, c'est sa propre vie que l'on révèle et que l'on crée. La finalité n'est pas l'objet texte mais le texte est l'indispensable canal de ce mouvement respiratoire alternativement centripète et centrifuge, du moi vers le je, du je vers l'autre, de l'autre vers je. On ne cherche pas à atteindre la poésie, la beauté, l'efficacité littéraire, mais ces qualités sont ce que notre vie a naturellement sécrété dans son désir de s'échanger. C'est là la grande valeur de l'Atelier d'Écriture Partagé : le don intime et gratuit de ce que chacun porte en lui de plus précieux. Pourtant, vous le verrez, on n'est jamais dans le flou, la contrainte est serrée, mais c'est bien dans cet effort pour la suivre que l'on va trouver la liberté de plonger dans ses profondeurs, sans même l'avoir consciemment décidé.

C'est la raison pour laquelle chacune de ces séances est construite sur l'alternance rapide entre temps d'écriture très courts (5 à 10 minutes maximum) et temps de partage. Le principe repose sur cette alimentation permanente de l'individu par le groupe et du groupe par l'esprit de chacun. En Atelier d'Écriture Partagé, ce sont les autres qui, par leur simple présence, me révèlent à moi-même. C'est par eux que je chemine, c'est pour eux que j'écris. Mon histoire, mes solitudes et mes défis ne sont que l'énergie donnée à cette communication parfaite après quoi je soupire. Être enfin complètement soi-même, et l'être grâce aux autres ! Il faut l'avoir vécu pour comprendre la profondeur de ce soulagement.

Dans cette tension pour suivre la directive donnée sur un mode ludique, le mental retourne sagement à une place où il n'est plus en mesure de barrer la route aux élans de la mémoire individuelle ou collective, ni à ceux de l'intuition. C'est la raison pour laquelle cette démarche d'atelier d'écriture permet des découvertes, des redécouvertes, parfois des révélations. Des souvenirs reviennent à jour, des symboles parlent, on se rend compte combien est petite la partie de notre vie que nous côtoyons couramment. On prend surtout la mesure de l'abîme auprès duquel on joue chaque jour… Cette vulnérabilité créatrice mise au jour lors de l'atelier d'écriture partagé reste une expérience profondément déroutante. Il est essentiel de se trouver dans une atmosphère très sécurisante pour l'expérimenter sans dommage. Voilà pourquoi l'animateur d'un tel atelier d'écriture doit lui-même avoir déjà fait un réel travail intérieur. Il doit aussi absolument avoir bénéficié de cet accompagnement au sein d'un Atelier d'Écriture Partagé pour pouvoir le prodiguer à son tour. La pratique de l'animation d'un tel atelier se transmet, de vie à vie. On n'insistera jamais assez sur le danger réel (pour l'animateur et pour les participants) que peut faire courir cette méthode à celui qui s'y risque sans avoir gagné une sincérité absolue par un vrai travail sur lui ni suivi une formation adéquate, de même qu'il ne viendrait l'idée à personne de s'aventurer en haute-montagne avec un guide qui n'a jamais mis les pieds en altitude, eût-il tout lu sur le sujet !

Dans cette dynamique d'une haute sincérité, on ne peut non plus supposer la présence d'un seul élément spectateur qui transforme-rait les autres en objets d'observation. Le groupe d'écrivants est un groupe de sujets, et tout le monde doit se trouver sur le même niveau de sincérité. L'animateur ne peut se permettre de rester en dehors du mouvement : une fois qu'il a donné, explicité, fait ressentir la moti-vation d'écriture, il doit aussi se mettre à écrire et partager ses écrits avec la même vérité que les autres. C'est même la réalité de sa propre plongée qui va construire une atmosphère propre à décider aussi les publics réfractaires à l'écriture à se mettre à leur tour en action (en particuliers les publics scolaires). L'Atelier d'Écriture Partagé repose sur ce pacte : le partage englobe tout le monde, animateur compris. C'est à ce dernier qu'il appartient d'avoir développé un sentiment de sécurité assez fort pour évoluer naturellement dans cette simplicité. Il est donc nécessaire qu'il ait au préalable vécu l'Atelier d'Écri-ture Partagé en tant que participant pour pouvoir animer dans un confort suffisant au sein d'une dynamique créatrice et interactive, on pourrait dire « intercréatrice ».

La méthode proposée suppose en effet le recours constant à l'autre, indirectement, de manière souvent subtile, et parfois aussi direc-tement, sous la forme d'exercices d'écriture à quatre mains ou de sollicitation de l'autre comme instance décidante lorsqu'un choix doit être fait dans sa propre production (nous étudierons dans cet ouvrage plusieurs modes d'intervention plus ou moins importante des autres membres du groupe d'écrivants dans le processus d'écri-ture de sa propre production).

Car les écrivants vont avoir l'occasion de faire une véritable œuvre de création sur leur propre vie. La démarche n'est pas psychanalytique, elle s'apparenterait plutôt à la pensée systémique. Au « pourquoi » psychanalytique, elle substitue le « pourquoi pas » de la pensée globale et appréhende la personne dans son origine interdépendante : rien n'existe en soi, tout phénomène – social aussi bien que naturel – résulte du lien avec un autre phénomène, et rien ne peut se produire de manière isolée. Tout ce qui se produit est le fruit d'une interaction.

Le recours au symbolique permet d'opérer des changements réels dans les réactions et interactions d'un individu. L'écriture de la fiction nous révèle les schémas profonds qui nous structurent et elle fortifie notre conscience. De là, beaucoup de changements sont possibles.

On est prêt à changer au moment où l'on s'accepte et on s'accepte lorsqu'on se sent accepté. C'est ce que permet l'Atelier d'Écriture Partagé, puisque la réalisation de tous passe par l'identité de chacun. Nous sommes dans un fonctionnement systémique : être, c'est percevoir, mais c'est aussi être perçu. De la pensée disjonctive du modèle analytique, on passe à la pensée conjonctive. Dans l'approche systémique, les rapports entre les choses et les gens sont plus importants que les distinctions entre eux.

L'Atelier d'Écriture Partagé est une forme de pédagogie de l'action, inventive et libératrice. Elle se focalise sur ce qui se passe dans le contexte interactionnel de l'individu, sans s'aventurer dans le labyrinthe des causes et des explications déterministes. C'est la raison pour laquelle l'animateur doit se garder de toute attitude psychanalytique, même devant le jaillissement des souvenirs les plus marquants. Il doit être capable de légèreté et d'empathie tout à la fois pour permettre de résister à l'attraction du passé.

Car dans l'approche systémique, la projection du futur souhaité influence le présent et les buts sont plus importants que les causes. L'approche analytique veut éliminer les blocages alors que l'approche systémique veut trouver la fonction utile de tous les aspects de la relation, blocages compris : tout a sa fonction, et toute fonction peut devenir utile. Si le passé influence le présent et agit sur le futur, le futur souhaité aussi oriente notre présent et modifie notre vision du passé.

La méthode que vous avez entre les mains est donc bien un précis d'animation d'Atelier d'Écriture Partagé. Vous constaterez qu'elle fonctionne de manière imparable, c'est ce qui lui confère sa valeur comme son danger : elle débouchera nécessairement sur une véritable révolution intérieure. Puissant levier d'action pour chacun, elle représente un creuset de paix pour tous. Car si la culture suppose une communication entre les gens qui se ressemblent, la paix suppose une communication entre les gens qui ne se ressemblent pas. Ne sous-estimez pas la force qu'il vous faudra pour mener à bien cette tâche exaltante, régénérante et tellement nécessaire !

L'Atelier d'Écriture Partagé : une version dynamique et interpersonnelle de l'atelier d'écriture

Il s'agit d'une forme d'atelier pouvant s'adapter absolument à tous les publics, y compris les publics scolaires les plus hostiles à l'écriture ou au système scolaire lui-même.

La méthode qui va suivre est plus spécialement destinée aux enseignants, car les séances s'ordonnent en durée de 55 minutes et ont été maintes fois testées auprès des collégiens et des lycées d'enseignement professionnel, agricole et technique. Mais il va sans dire qu'elle fonctionne aussi dans tous les autres contextes. Sans aucune exception, et ceci quel que soit l'enseignant animateur, les élèves y ont trouvé une véritable bouffée d'oxygène, un pôle de communication vraie, un pôle aussi de découverte identitaire, car ils y ont écrit des textes qui les ont étonnés. Ils viennent à l'atelier avec impatience, y écrivent avec ferveur, s'y écoutent de tout leur cœur, découvrent enfin une dimension de la relation humaine qu'ils ignoraient jusque-là.

Le secret qui leur permet sans peine de faire jaillir cette créativité est contenu dans l'alternance très serrée et très dynamique entre temps d'écriture et temps de partage. Un texte s'y édifie donc toujours en plusieurs étapes, entrelardées de tours de table qui permettent à chacun de se recharger de l'énergie du groupe pour aller plus loin. L'écriture est soutenue par l'échange, l'échange est impulsé par l'écriture. La communication interpersonnelle y nourrit la communication intrapersonnelle, et la communication intrapersonnelle dirige la communication interpersonnelle vers des zones de sensibilité qui n'ont que très rarement – voire jamais – l'occasion de s'exprimer.

C'est ce processus très subtil qui permet de transformer l'atmosphère d'un établissement scolaire ou d'une équipe de travail. Lorsque, même une heure par semaine, l'élève ou l'adulte expérimente ainsi, sans même en avoir conscience, le respect de la parole de l'autre en même temps que le respect de sa propre vie, quelque chose naît qui ne s'oublie jamais. « L'Atelier d'Écriture Partagé, c'est un concentré d'amitié », dit Briac (3ᵉ); et Camille d'ajouter : « C'est parler pour mieux comprendre les autres. » C'est ce qui fait de cet atelier un creuset de paix : dans ces instants auxquels les adolescents tellement, l'expression est surprenante, l'écoute est active, chacun accède à sa propre intériorité par l'intercession de l'autre, son pair.

Pas surprenant que ce genre d'initiative étendue à un niveau entier d'élèves, à raison même d'une heure par quinzaine intégrée au temps scolaire, transforme radicalement l'atmosphère de l'établissement. Cette communication profonde, riche et naturellement respectueuse transforme les pressions et soulage les isolements. La violence, contre soi ou contre l'autre, est un excès de solitude, qui ne le sait ?

Les principes d'organisation pour un atelier en milieu scolaire ou en direction d'un public d'adolescents

Le nombre de participants

Il ne doit évidemment pas excéder quinze élèves, car les tours de table ne doivent surtout pas être lassants. Ils ne doivent pas non plus être trop longs afin de laisser du temps pour l'écriture. Enfin, si l'on veut obtenir une cellule de dialogue et d'écoute, on ne peut l'obtenir qu'avec un groupe restreint. Il conviendra donc de diviser la classe en deux, la seconde partie étant occupée par un travail au CDI, en permanence ou, mieux, avec le professeur de français qui pourra ensuite retravailler la forme et l'orthographe des textes produits pour les valoriser. Par la suite, ils pourront prendre place dans un recueil, dans le journal du collège, ou sur le site Internet de l'établissement, où ils constitueront une vitrine des plus attractives.

Rigueur et liberté

C'est bien à l'intérieur de la plus grande contrainte que va pouvoir naître la plus grande liberté d'expression.

Rigueur dans la disposition des places

En rond, autour des tables disposées à cet effet. Les élèves ne doivent surtout pas se placer comme ils veulent : on est beaucoup moins libre près de quelqu'un que l'on connaît trop bien. Le mieux est d'alterner garçons et filles : c'est une contrainte qu'ils acceptent très bien, comme un « jeu d'équilibre énergétique », et qui leur permet de rester dans les limites d'une certaine retenue.

Liberté et responsabilité dans le contenu

Le contenu des écrits est absolument laissé à la libre appréciation de chacun. Aucune censure d'aucune sorte, seulement l'idée que l'on peut avoir du respect pour sa propre vie. Ce que l'on écrit et lit n'engage que soi, on a le droit d'exprimer ce que l'on veut, de la façon que l'on veut.

Un seul interdit : l'attaque personnelle

Il est absolument indispensable d'expliquer que ce moment doit être un moment de détente pour tous et que cette détente ne saurait se faire sur le dos d'un bouc émissaire – professeur ou élève. Il suffira pour cela d'expliquer que chacun doit se sentir à l'aise et en sécurité, et que la nécessité d'une complicité dans le déni serait préjudiciable à cet équilibre. C'est donc un interdit absolu, qui doit immédiatement être coupé à la base s'il survient : ne pas hésiter à couper la parole, à suspendre la lecture, et même à rendre tout le groupe des élèves garant de cette sécurité pour tous.

Rigueur dans le comportement

Pas le moindre bavardage pendant le temps d'écriture, même si l'on n'écrit pas ou plus. « Chacun dans sa bulle » est le maître mot. Ces temps de silence sont précieux et rares. L'écoute aussi doit être attentive et silencieuse. Vous vous apercevrez d'ailleurs qu'elle se fait naturellement, tant chacun se sent concerné par ce que les autres ont à dire sur des motivations semblables aux siennes. La réaction des autres précise la sienne propre dans sa singularité. De plus, chacun prendra cette contrainte comme une protection pour lui-même lorsqu'il lira son texte.

Liberté d'adhésion

En contrepartie, chacun est totalement responsable de sa mise en mouvement : aucune obligation d'écrire ou de lire sa production, aucune évaluation, aucune démarche, même pour susciter ou encourager l'effort : l'élève doit absolument sentir que vous n'attendez rien de lui, que vous ne vous situez pas dans une démarche d'éducation. C'est ainsi qu'il trouvera sa propre motivation pour prendre place au sein de ce courant de communication. Il sera aussi pleinement responsable de ce qu'il dira sans avoir aucune possibilité de s'inscrire dans une démarche de provocation. Le contenu des productions étant aussi absolument libre, à lui de mettre ses propres freins, ce qu'il fera aussi très naturellement.

L'Atelier d'Écriture Partagé constitue une véritable expérience d'autonomie : chacun se met *de lui-même* en mouvement. C'est une expérience fondatrice, car sans aptitude à l'autonomie, il n'est pas de liberté, sinon celle de choisir sa dépendance…

Un impératif : l'égalité de statut

Dans un Atelier d'Écriture Partagé, vous, animateur, ne pouvez vous permettre de rester à l'écart des processus de création. Au moment où vous direz : « Maintenant, on y va ! Chacun dans sa bulle ! », vous devez aussi écrire et lire vos productions. Si la chose est très facultative en atelier d'écriture classique, en Atelier d'Écriture Partagé, elle est essentielle. C'est en vous voyant vous concentrer et faire un effort sincère pour offrir votre travail que les autres écrivants vont se mettre en position de plongée eux aussi. Un seul spectateur, et le jeu est faussé. Cet atelier doit être un partage humain avant tout, non un exercice où un seul agit sur les autres comme dans des travaux dirigés. C'est votre humble participation qui fera la différence.

Victoire ou défaite ?

Dans l'épuisante course à l'appréciation que constitue pour les élèves le parcours scolaire, vous allez chercher à procurer une oasis de gratuité. Ouf ! Ici, vous n'entendrez jamais : « C'est noté, M'dame ? C'est noté, M'sieur ? » Redites toujours clairement qu'on n'est ni obligé d'écrire ni obligé de lire (ce faisant, tout le monde écrit et tout le monde lit, avec un plaisir évident).

Mais il faut aller plus loin, encore. Il faut absolument éviter de valoriser les productions elles-mêmes, et recevoir avec le même respect, la même attention la phrase de trois mots ou le texte d'une page. C'est la personne que vous recevez, non le texte. Il ne faut pas montrer votre contentement de voir un élève se mettre à écrire, ou réussir quelque chose qu'il ne réussissait pas avant. Il ne faut pas non plus montrer votre désappointement dans le cas contraire.

Mieux : il ne faut pas les ressentir. La seule victoire, c'est d'être là et d'avoir une écoute active. Répétez que c'est grâce à la présence de chaque personne que l'on peut écrire ce que l'on écrit, et que les textes sont le produit de tous. Montrez que votre vie traverse le texte, comme une passerelle vers la vie de celui qui lit. L'efficacité littéraire est donnée en surplus. Le meilleur moyen de la susciter est de ne pas l'attendre.

En Atelier d'Écriture Partagé, seules comptent les personnes. Et soyez absolument convaincu que la seule présence à cet atelier donnera à chacun une incroyable possibilité d'éveil, qu'il écrive ou non.

Silence intarissable

> *Le silence est un son que l'on n'entend pas.*
>
> *Martin, 14 ans*

En Atelier d'Écriture Partagé, le silence émet un son. Celui des plumes qui vont et qui viennent frénétiquement sur le papier. Celui des cœurs tendus. Celui des voix qui se taisent.

Ici, le silence ourle et festonne tous les temps de l'activité.

Le temps, tout d'abord, de la lecture par l'animateur du texte que les participants n'ont pas sous les yeux. Ils tendent l'oreille, ils retiennent leur souffle. C'est un texte qui agit, qui palpite, qui provoque. Puis ils reçoivent la motivation d'écriture, donnée à partir d'un ressort littéraire particulier, d'une posture narrative, d'un parti pris, d'une directive serrée, très serrée, puisqu'on le sait, la contrainte libère.

Vient ensuite le temps de l'écriture. Chacun entre dans sa bulle, puise dans ses ressources les plus cachées, dans ses maux les plus

XXX

profonds, dans ses questions les plus vitales. Chacun joue le pêcheur de perle en plongée dans les profondeurs, chacun écrit de tout son cœur, de toute son âme, car chacun sait pour qui il plonge : c'est de ce dialogue avec soi-même que va naître le véritable dialogue avec l'autre. Temps de participation active à cette gratuité intime de l'existence (Francis Ponge) qu'est la poésie. Le silence sous-tend et soutient cette délicate texture que le moindre bruit peut fêler. Dans un Atelier d'Écriture Partagé, c'est un moment immensément touchant de voir ces quatorze ou quinze visages penchés sur leur page, sans obligation, sans pression. Ils écrivent, plantés directement dans le centre mystérieux de leur motivation. Pas d'enjeu, pas de concours, pas d'évaluation. « Vivre, c'est tout. Sans justification. » (Francis Ponge) Cette minute-là n'a pas de durée : l'être qui crée échappe au temps. C'est un courant simple comme une respiration.

Le silence s'écarte enfin pour laisser passer une voix, puis une autre, puisque chacun lit sa production. Pourtant le silence n'est jamais loin. Le plus étrange, c'est de le voir vivre, bouger, se modifier au gré de ces lectures. Dès que les mots se font sensibles, dès qu'ils portent sur eux les traces de lutte ou de caresse, le silence prend autour d'eux une densité particulière. Instantanément, il change au gré de la parole dite : il est tapi de jeu ou tapis de prière, il est attention ou il est recueillement. Le silence a une tessiture, et celui qui lit la perçoit clairement, ressentant à quel moment et de quelle manière son texte prend du poids. La lecture finie, le silence fait une bulle. La petite bulle blanche avant que quelqu'un ne réagisse à ce qu'il vient d'entendre. La perle de l'atelier, c'est cette bulle infime de silence entendu.

D'une lecture à l'autre, très vite, et parce que chacun dans le silence des autres a goûté ce qu'il a d'unique à donner, chacun prend réellement contact avec sa propre réalité. Plus de recherche d'approbation, plus de complexe de supériorité ou d'infériorité, le regard des autres a cessé de nous faire souffrir, puisque ce qui nous goûte, c'est leur oreille.

XXXI

L'atelier d'écriture quitte le monde de l'image pour magnifier celui du son. La voix ne trahit pas ; elle porte l'identité que l'image falsifie parfois.

L'évaporation de la gêne permet l'expression de la personnalité entière. La malédiction se brise, les adolescents sortent du palais des glaces.

La tour où je me trouvais s'était effondrée.

Alexandre, 13 ans

Le silence de l'atelier a permis aux solitudes de s'affronter elles-mêmes, aux souvenirs cuisants d'émerger au grand jour, aux questions angoissantes de s'épancher. Toutes ces choses qu'on croyait arides, voilà qu'on les a fait fleurir puisqu'elles ont pu nous donner une place parmi nos semblables.

L'écriture nous a remis au monde grâce à l'écoute qui lui a été offerte. Elle a été « le point de butée qui transforme le manque d'avoir en être[1] ».

L'Atelier d'Écriture Partagé demande peu de moyens : son matériau, c'est la vie, son outil, c'est notre âme, son carburant, nos solitudes.

L'animateur a l'entière responsabilité de le faire apparaître. C'est sous un certain regard qu'émerge immanquablement le talent, comme attiré, comme aspiré par un état de vie profondément humain. Il ne s'agit ni d'angélisme, ni d'admiration inconditionnelle, ni de démagogie, il s'agit d'une attention pointue et apte à discerner la moindre ligne de force dans le discours qui lui fait face. C'est plus simple que ça en a l'air, plus difficile aussi qu'on ne le croit, cela porte un joli nom qui signifie « éveil » : c'est de la bienveillance.

---

1. Alain André, fondateur de l'Aleph.

Animer un Atelier d'Écriture Partagé

Animer, au sens littéral, c'est donner une âme. Un groupe qui se construit constitue immédiatement un esprit, un « esprit groupe », pourrait-on dire. Selon l'adage bien connu des formateurs, « un groupe est plus que la somme de ses parties ». Effectivement, quelque chose circule au-dessus de nos têtes, dès que nous sommes rassemblés pour quelque raison que ce soit. L'animateur donne sa forme à l'esprit du groupe, sa personnalité s'y dilate et s'y dissout. Voilà pourquoi un tel travail requiert avant tout des qualités d'écoute et de présence. L'appétit de la différence, la fringale d'aimer, la conscience aiguë de la dignité de l'autre, en voilà la pierre de touche. Ensuite, il faut évidemment posséder une culture, une sensibilité littéraire et un appareil critique efficace. Mais ces choses-là s'apprennent, alors que le goût d'autrui s'éveille, ce qui est plus long ou plus aléatoire. C'est aussi la raison pour laquelle il est si nécessaire d'avoir participé à une formation vivante avant de se lancer.

Après la lecture de chaque production, l'animateur doit intervenir, et c'est une phase extrêmement délicate. Une seule règle absolue, comme on l'a dit plus haut : ni jugement, ni critique ; aucun commentaire négatif ni laudatif. En revanche, il doit montrer tout le prix qu'il attache à la personne qui vient de s'exprimer et à l'intensité de l'écoute qu'il vient d'avoir. Ce pourra être juste un sourire ou un remerciement, un rire, une mimique d'attendrissement, ce pourra être aussi la reprise d'une expression précise ou la reformulation d'une partie du texte, voire une simple citation.

L'animateur n'est pas là pour diriger, ni même pour enseigner (l'écriture s'apprend mais ne s'enseigne pas). Il est un révélateur, rien de plus, mais, surtout, rien de moins. À lui de déployer une attention suffisante pour donner un trait du profil créateur de l'écrivant. Il peut, par exemple, souligner la récurrence de certaines images, le degré de présence du narrateur dans le récit ; en bref, faire une rapide lecture méthodique de ce qu'il vient d'entendre. Il s'agit donc, presque, de recevoir la production du participant comme un étudiant en lettre reçoit un texte d'auteur. Il est aussi possible de souligner les contrastes entre deux productions ou inviter les membres du groupe à intervenir en exprimant leur propre interprétation.

C'est bien de la profondeur humaine de l'animateur que dépendra la réussite de l'atelier. C'est en ce sens que le présent ouvrage ne saurait être plus qu'un livre de recettes, certes efficaces, mais qui doivent vraiment être complétées par l'expérience en direct de cette « vulnérabilité créatrice » qui est l'apanage d'un Atelier d'Écriture Partagé.

Il est conseillé de ne pas donner de textes d'amorce polycopiés aux participants ; ils resteront plus libres de leur réaction s'ils en prennent connaissance par l'ouïe uniquement. Tous les échanges se feront ainsi par la voix, rien de visuel ne venant brider la créativité.

Le présent ouvrage vous fournit les extraits littéraires à lire ; cependant, chaque fois que vous pourrez vous procurer l'œuvre complète, retrouver l'extrait et le lire dans son intégralité, ce n'en sera que plus profitable à la qualité de l'instant. Convoquer la présence de l'auteur par le truchement de son ouvrage permet d'établir une atmosphère particulièrement inspirante.

La méthode qui va suivre est organisée en séances de 55 minutes. La durée de chaque étape est indiquée, mais attention : elle indique seulement le temps d'écriture ; le temps de lecture qui accompagne nécessairement chaque étape est fonction quant à lui du nombre de participants.

Écrire : se baser sur son identité et aiguiser sa perception du monde

Ce cycle va constituer la première marche de l'atelier d'écriture, celle qu'il est nécessaire de gravir pour façonner sa carte d'échanges avec les autres membres du groupe. Il sera composé de treize séances qui permettront aux participants d'expérimenter le plaisir de se dire, celui de confronter sa propre vision du monde à celle des autres.

Cette série de travaux est basée sur le traitement autobiographique, le terme étant pris dans son sens le plus large (« "je" est un autre », dit Rimbaud, à quoi Philippe Sollers répond : « "je" est plusieurs autres. »). Chacun peut donc indifféremment mêler celui qu'il croit être, celui qu'il veut être, etc.

Un petit pas... un grand bond!

 *Je me souviens*, Georges Perec

Pour se lancer

Ce double inventaire des choses que l'on aime et de celles que l'on n'aime pas se fait toujours avec plaisir. Il s'agit d'y introduire le plus grand désordre de registres et de degrés afin de faire jaillir la poésie des rencontres improbables entre mots de registres différents.

> J'aime...
> le parfum du lilas
> les sourires clairs
> les dimanches
> la vaisselle anglaise
> les retours définitifs
> le chocolat, etc.

> Je n'aime pas...
> les pièces enfumées
> les rendez-vous manqués
> perdre mes clefs
> enfiler des vêtements secs sur une peau humide, etc.

Chacun s'amusera de voir combien cette action si minime d'apposer un label blanc ou noir à certaines pièces de notre univers donne, somme toute, une image assez juste de lui-même.

À la manière de…

Difficile de ne pas commencer un travail en atelier sans présenter le mythique *Je me souviens* de Georges Perec. Il s'agit d'une de ses œuvres les plus connues, et pourtant, elle est d'une telle simplicité ! En voici un court extrait :

> *« Je me souviens de l'Abbé Pierre.*
>
> *Je me souviens des publicités sur les maisons.*
>
> *Je me souviens que le quatre-quarts doit son nom au fait qu'il est composé d'un quart de lait, un quart de sucre, un quart de farine et un quart de beurre.*
>
> *Je me souviens quand j'étais collé.*
>
> *Je me souviens de l'affaire Kravchenko.*
>
> *Je me souviens de l'époque où il fallait plusieurs mois et jusqu'à plus d'une année d'attente pour avoir une nouvelle voiture. »*

Il s'agit de relater les faits insignifiants ou marquants qui constituent la « trame d'une époque », en commençant chaque fois par « *je me souviens* ».

Il s'agit aussi de débusquer ces faits tellement menus qu'ils ne peuvent figurer nulle part, ni dans un album de photo, ni dans un journal de l'époque, ni même dans le souvenir familial. Quoi qu'il en soit, il sera intéressant de mélanger dans cette évocation échevelée souvenirs collectifs et souvenirs personnels.

L'important est d'insister sur la nécessité de n'écarter aucun souvenir : le premier venu est à accueillir et à nommer en toute simplicité. On ne sait en commençant ce qui arrivera sous la plume : souvenir futile ou grave, voire même profondément sensible.

> Je me souviens du cheval noir tirant le cercueil de Kennedy et des larmes de ma mère.
>
> Je me souviens des pépiements des merles les soirs de printemps.
>
> Je me souviens de la guéguerre entre Johnny Hallyday et Antoine, accusé d'avoir «les idées courtes et les cheveux longs».
>
> Je me souviens du rire de ma grand-mère.

> Je me souviens que la mode était aux grandes chaussettes noires.
> Je me souviens du bruit de mes pas sur l'escalier de bois de notre vieil immeuble, et du contact de sa petite tête sous mes lèvres ; je l'embrassais presque à chaque marche et nous habitions au troisième.
> Je me souviens des dents très blanches de mon père.

Là, ce fameux *« je me souviens »* fonctionne comme une formule magique, donnant une impulsion inépuisable vers ces choses minuscules que l'on croyait avoir oubliées. De plus, la motivation qui consiste à mélanger souvenirs collectifs et souvenirs individuels donne un cadre rassurant, un ensemble de repères servant de lieu de rencontre entre tous ces passés.

Ce travail paraît simpliste mais il est pourtant d'une immense richesse et surprend toujours : on ne s'attendait jamais à évoquer ce qui nous est arrivé spontanément à l'esprit. De plus, on pourrait dire que la lecture « émulsifie » le groupe, tant les souvenirs de chacun font jaillir chez les autres une gerbe de réminiscences et de résonances subtiles. Dès cette lecture, on a saisi le phénomène de communication profonde et facile entre des sensibilités individuelles tournées dans la même direction.

Il faut beaucoup de subtilité pour avoir l'attitude juste lorsqu'arrivent des souvenirs dont l'émotion « déborde » la personne qui lit. Il est très fréquent qu'une crise de larmes survienne en cet instant, lors même que la personne ne s'y attendait pas en écrivant. On pourrait longtemps disserter sur le comportement à avoir dans ce cas-là, mais ces choses se vivent et se transmettent : on n'apprend pas à nager dans les livres ! D'où l'importance de suivre absolument une formation à l'animation d'Atelier d'Écriture Partagé, en expérimentant la posture du participant, en comprenant « de l'intérieur » la nature de l'accompagnement nécessaire. Une chose est certaine, c'est qu'une seule maladresse dans cet instant-là peut non seulement porter un préjudice durable à la confiance du groupe mais surtout avoir de graves conséquences psychologiques sur un ou plusieurs participants.

Dépliage d'un souvenir ancien

Cette activité va constituer la première marche vers la pratique de l'instantané. En cherchant à revivre précisément les sensations liées à un de ces souvenirs fraîchement exhumés, on va immédiatement expérimenter la charge émotionnelle induite par la précision.

Proposez à chacun de choisir un de ces souvenirs et de le « déplier », c'est-à-dire d'utiliser sa pensée pour s'asseoir dans cet instant précis et en détailler les différentes sensations.

Voici un exemple de production réalisé à partir du dernier souvenir de l'exemple de production cité ci-dessus :

> Je me souviens du rire de ma grand-mère.
> Les soubresauts de sa poitrine, de ses joues, de tout son corps.
> L'éclat incroyablement vif de ses yeux noirs et plissés.
> Ses larmes qui coulent et le gros mouchoir à carreaux pour les essuyer.
> Le formica de la table jaune pâle et la porte coulissante de la salle de bains, juste derrière.
> Les carreaux par terre. Ceux du milieu d'un rouge et noir plus vifs que les autres.
> Le regain de fou rire après une légère accalmie. La forme de son nez, plus épais au bout.
> Des hoquets plus aigus. Un vrai rire, immense, plus fort que tout.

Cette séance constitue souvent une révélation pour ceux qui expriment un passé douloureux. Elle participe du phénomène de résilience qui, d'après Boris Cyrulnik, ne peut s'opérer qu'après l'événement traumatique, si on a la chance de pouvoir en parler.

> *« C'est difficile de s'adresser à quelqu'un pour expliquer ce qu'on a vécu, mais si on passe par le biais de l'œuvre d'art (…), vous devenez le tiers dont vous pouvez parler. (…) Si je fais le détour par l'œuvre, si j'éloigne l'information, je communique mieux avec vous parce que je ne suis plus seul avec mon fracas intérieur. (…) Parce que j'ai réussi à en faire une représentation que l'on peut maintenant partager. On habite enfin le même monde. »*[1]

---

1. Boris Cyrulnik, *Je me souviens…*, Odile Jacob, 2010.

La pratique de l'instantané

Le Parti pris des choses, Francis Ponge
Journal, Franz Kafka

Le passé récent

Dans *Le Parti pris des choses*, Francis Ponge fait une proposition à ses lecteurs :

> *« Je propose à chacun l'ouverture de trappes intérieures, un voyage dans l'épaisseur des choses, (…) une révolution (…) comparable à celle qu'opère la charrue ou la pelle, lorsque tout à coup, et pour la première fois, sont mises à jours des millions de parcelles, de paillettes, de racines et de vers jusqu'alors enfouis. »*

Voici bien ce que se propose de rendre possible cette séance : ouvrir une fenêtre sur l'instant présent. Pour commencer, il faut passer par l'épaisseur naturelle que donne le temps aux choses. Vous allez donc commencer par prolonger le travail effectué lors de la dernière séance afin de faire sentir aux participants ce vers quoi il faut tendre ici.

Après avoir rappelé le dépliage du souvenir ancien de la dernière séance, vous allez proposer de transposer exactement le même travail sur la journée de la veille. Faites remarquer quelle lumière toutes ces choses minuscules ont gagné à être exhumées dans l'activité précédente et de quelle charge émotionnelle elles sont porteuses. Proposez alors le défi de « voir » notre présent à la même lumière que celle qui nimbe notre passé, citant au passage Francis Ponge : « *Voici l'intime défi, donner au présent la phosphorescence du passé. Vivre, c'est tout, sans justification. Ici-haut.* »

Si vous vous trouvez alors devant des visages peu enthousiasmés par la perspective de revivre une journée monotone, entamez le couplet mathématique : à chaque seconde notre cerveau enregistre vingt-quatre images, soit 14 400 en une heure ! Il y a, rien que dans cette journée, de quoi peupler de souvenirs une vie entière ! On va donc être en mesure de discerner les instants saillants de cette journée si peu particulière !

Le résultat peut être tout à fait surprenant. La journée si grise à première vue, peut se révéler une source d'images splendides, colorées, émouvantes, de ce genre de photos qu'on voudrait avoir prises : la distance n'est ni une question de temps écoulé, ni une question d'espace, c'est une question de création. Entre moi-même et ce que je vis, je peux toujours intercaler ma création.

> Le bruit de mes pas sur le plancher du couloir.
> La petite lumière rouge de la cafetière.
> Mes mains aux doigts écartés sur le carrelage blanc pendant les assouplissements.
> Les couleurs tendres des premiers rayons de soleil sur la forêt.
> La nouvelle coupe de cheveux de Magali.
> La tension de mes muscles à l'arrière de mes jambes.
> Le traversin posé sur la rambarde de la fenêtre.

Ce travail conduit graduellement à une sorte de célébration du vécu, quel qu'il soit, et fait souffler un vrai vent de bonheur partagé.
Vous pouvez donc annoncer l'aboutissement de ce travail sur l'instantané : du passé lointain et du tout proche passé, vous passerez donc au présent. Lui-même.

8

Le moment présent

Commencez par citer ces quelques instantanés extraits du *Journal* de Franz Kafka :

> *« Les lingères de blanc sous les averses. »*
>
> *
>
> *« Un collier de petites boules d'or sous un cou bruni. »*
>
> *
>
> *« La jeune fille qui, du seul fait qu'elle marchait au bras de son amoureux, promenait autour d'elle des regards tranquilles. »*

L'instantané est une sorte de photographie en mots d'une image réelle, captée par le *« regard nettoyé »* cher à Michel Butor. Il s'agit de s'obliger à regarder le réel de manière plus aiguë : la seule vérité est ici celle de l'attitude, de l'éclat de lumière, du détail minuscule et précieux, d'un regard, de la sensation vivante que l'image fait jaillir. C'est d'abord un travail d'humilité car il demande une discrétion absolue du narrateur : il n'est pas question ici de se mettre en avant, ni même de suggérer l'effet que l'image produit sur soi. Il faut laisser toute sa place au réel, ménager un contact direct entre le lecteur et l'évocation. L'instantané néglige volontairement toute interprétation pour laisser la place à cette *« épiphanie de l'instant »*, pour reprendre l'expression de James Joyce. C'est une production très courte : une phrase, parfois même un fragment de phrase, qui donne à voir une image de la vie ordinaire puissamment éclairée.

Comme on l'a fait précédemment, on va alors partir du plus proche passé. Depuis l'instant où, ce matin, j'ai ouvert les yeux, quelles sont les images que je peux rapporter ? Les images, mais aussi les bruits, les odeurs, les sensations tactiles ?

Si l'environnement le permet, proposez à chacun de partir 10 minutes (dans la cour ou la rue), en empruntant le pas du « promeneur solitaire », du chasseur d'ombres, du débusqueur d'images : découvrir le plaisir du pas qui ne mène nulle part mais porte en lui-même sa finalité.

Le retour à l'heure dite se révélera riche de vrais instantanés, dont certains se seront peut-être croisés ou doublés. Il est parfois amusant de constater combien deux instantanés saisis au même endroit peuvent être différents.

> Les pavés posés en éventail dans la ruelle.
> Dans le couloir de ciel gris entre les toits, le passage d'un goéland.
> Elle regarde fixement quelque chose dans la vitrine.
> L'odeur sucrée du marchand de berlingots.
> La silhouette écrasante de la cathédrale.
> Elle a passé la main sous son bras et marche en souriant, du même pas que lui.

Écrire un texte composé d'instantanés

L'Aleph, Jorge Luis Borges

Pour se lancer

Pour commencer cette nouvelle séance, proposez un entraînement à l'écriture de l'instantané. Demandez aux écrivants de penser au dernier quart d'heure que l'on vient de vivre et d'en ramener une poignée d'instantanés, visuels, auditifs, olfactifs *(5 minutes)*.

À la manière de…

La pratique proposée a été mise au jour par Borges dans la nouvelle qui donne son nom au recueil. L'Aleph est une sphère magique de quelques centimètres de diamètre, qui donne à celui qui la regarde la vision simultanée *de la planète entière et de tous les temps qu'elle a traversés*. En fait, l'Aleph donne à celui qui la regarde le regard de Dieu, omniscient et omniprésent. On pourrait reprendre le mots de Pascal pour tenter de définir l'Aleph : « une sphère infinie dont le centre est partout, la circonférence nulle part » (*Pensées*) : en la regardant, on voit la totalité du monde en un seul regard, embrassant en une seconde tous les espaces et tous les temps. Voici un court extrait de la nouvelle de Borges :

> *« Je vis la mer populeuse, l'aube et le soir, les foules d'Amérique, une toile d'araignée au centre d'une noire pyramide, un labyrinthe brisé (c'était Londres) (...) Je vis de convexes déserts équatoriaux et chacun de leurs grains de sable, je vis à Inverness une femme que je n'oublierai pas, je vis la violente chevelure, un cancer à la poitrine, un cercle de terre desséchée là où auparavant il y avait eu un arbre, (...), les survivants d'une bataille envoyant des cartes postales, (...) je vis toutes les fourmis qu'il y a sur la terre, je vis dans un tiroir du bureau, et l'écriture me fit trembler, des lettres obscènes, incroyables, précises, que Béatrice avait envoyées à Carlos Argentino (…).*
>
> *Je ressentis une vénération infinie, une pitié infinie. »*

Guidez ensuite le travail de repérage des procédés qui font l'étonnante efficacité de ce texte qui relève le défi de tout écrivain : il passe à une vitesse vertigineuse d'un regard à un autre : regard global, regard de détail qui débouche sur la mémoire intime, regard démultiplié, regard microscopique, regard gigantesque, regard infiniment divisé, anecdotique, dramatique, douloureux, admiratif, etc. Attirez l'attention sur les images qui suggèrent le regard omniscient, celui qui *voit à l'intérieur* des choses et des êtres, celui qui voit le passé, le présent, l'avenir.

> Soudain je vis l'Aleph. Je vis le centre exact de la Terre, je vis ton mouchoir bien plié tout au fond de ta poche et la mèche grise que ta mère écartait en le repassant, je vis la tête de Marie-Antoinette rouler les yeux ouverts dans la sciure, je vis un raz de marée engloutir une ville entière et chacun des cils de la poupée qu'une petite fille serrait contre elle. Je vis une mouche un peu saoule au bord d'une tache de vin sur la table de la Cène. Je vis la lente marche des étoiles et la signature du traité de paix de la guerre d'Algérie, tous les moucherons du monde, le voile noir qu'une Iranienne froissait entre ses doigts mouillés de larmes. Je vis une onde sismique se frayer un passage entre les roches dures, ton cœur gonfler et dégonfler ses ventricules, je vis une larme tomber

sur un cahier et la caresse légère de l'accouchée sur la joue du nouveau-né, je vis la source du Nil et la course de la lumière, je vis mon tout premier vélo et quelques grains de sucre collés au fond d'une tasse à la terrasse d'un café de la Piazza de Milan, je vis un oignon qui ne pouvait germer à cause d'un caillou, une valise éventrée, un baiser d'amour fou, une boucle blonde dans un médaillon au cou d'un cadavre enterré depuis dix ans, un brin d'herbe se balancer après l'envol d'une coccinelle, la première lettre du monde tracée sur une écorce.

Cette motivation d'écriture donne souvent de très beaux résultats. Après chaque lecture, vous pouvez inviter les autres participants à évoquer spontanément une image dont ils se souviennent. C'est toujours touchant pour celui qui vient de lire d'entendre les autres nommer ses propres images.

Votre réaction est très importante. Il faut vraiment vous concentrer dans l'écoute et être capable de renvoyer la tonalité générale du texte, le type de vision qu'il met en jeu. Vous pouvez aussi souligner les aspects du monde que l'écrivant y a privilégiés : il est bien rare de ne pas constater la récurrence de certains thèmes, une parenté entre les images ou un filtre qui conditionne cette vision. À travers ces productions, les auteurs donnent à voir leur *géographie personnelle* et la découvrent en même temps avec un certain amusement. Tout se passe comme si le texte creusait en eux un espace qui communique intimement avec tout l'espace. Votre accueil doit pouvoir accompagner cette nouvelle personne qui vient au monde.

Ce genre d'écoute est un entraînement. Il faut la voir à l'œuvre, mais surtout, il faut l'avoir ressentie sur soi-même pour avoir à son tour la posture vraiment juste.

De l'instantané
à la suggestion du ressenti

 *Espèces d'espaces*, Georges Pérec

Pour se lancer

Donner des débuts de phrase qu'il faudra compléter le plus rapidement possible, sans réfléchir, comme pour un test de psychologie projective. Le résultat est toujours amusant par frottement avec celui des autres. C'est la diversité des réactions à partir de la même base qui donne à chacun, sur un mode plaisant, des renseignements sur son état intérieur du moment.

Voici quelques exemples de phrases à compléter :

> La vie d'une personne…
> Le jour où il fut fait prisonnier…
> Moi, ce que j'aime en lui, c'est…
> Elle me disait souvent…

À la manière de…

Il s'agit d'exprimer une émotion, le manque provoqué par l'absence d'une personne aimée, mais d'utiliser pour cela une série d'instantanés qui, par leur précision et leur dépouillement, suggéreront l'émotion avec d'autant plus de force que cette dernière ne sera pas dite.

14

Appuyez-vous sur un texte de Georges Perec tiré d'*Espèces d'espaces*, intitulé « Brouillon de lettre » dont voici un court extrait :

« Je pense à toi, souvent.

Parfois je rentre dans un café, je m'assieds près de la porte, je commande un café

je dispose sur le guéridon de faux marbre mon paquet de cigarettes, une boîte d'allumettes, un bloc de papier, mon stylo feutre (…)

je regarde attentivement le tarif des glaces et mystères, une ferrure, un store, le cendrier jaune, hexagonal (en fait, c'est un triangle équilatéral dans les angles coupés duquel ont été aménagées des dépressions en demi-cercles où peuvent être posées des cigarettes) (…).

Je pense à toi.

Tu marches dans ta rue, c'est l'hiver, tu as remonté le col de ton manteau de loup, tu es souriante et lointaine. »

Faites remarquer la façon dont Perec suggère l'émotion du narrateur sans en dire un seul mot, mais seulement à l'aide de l'éclairage très vif qu'il jette sur des détails sans signification particulière, qu'il regarde « avec attention », comme pour mettre une émotion à distance. Il vous sera ainsi possible de faire appréhender la nécessité de laisser une place au lecteur dans le texte : tout déballage complet d'une émotion en atténue considérablement le relief puisqu'alors le lecteur n'a plus à construire de sens. Et surtout, vous allez pouvoir faire ressentir à quel point la précision est génératrice d'émotion.

Je pense à toi, souvent.
Parfois, je sors dans la ruelle. Je fais quelques pas en montant. Les pavés sont disposés en double éventail. Ils ne sont pas exactement gris ; quand ils sont secs, ils sont un peu rosés. Ce sont de vieux pavés, plutôt rectangulaires. Chacun d'eux est bombé vers le milieu. Le temps ne les a pas encore aplatis. Dans les interstices, il y a de minuscules brins d'herbe, une sorte de mousse d'un vert phosphorescent. De temps en temps, une mouette traverse le couloir de ciel entre les toits et son cri rebondit sur les murs avant

de rouler tout en bas. En fait, ce n'est pas une mouette, c'est un goéland ; il n'y a pas de mouettes ici.
Une cocotte-minute chuinte par une fenêtre du rez-de-chaussée. Une voix aiguë monte par intermittence derrière une porte.
Je passe ma main sur les murs de granit, j'en éprouve le froid et la rugosité. Parfois, je m'appuie au mur de tout mon poids. Je me colle aux aspérités des pierres. Je hume l'odeur de passé, de poireau, de marée basse et de tempête.
Je pense à toi. Tu montes les marches de l'escalier en souriant doucement. Je te parle et tu ne réponds pas. Je pense à toi.

Les productions révèlent souvent une grande sensibilité, une grande retenue aussi. La lecture des travaux constitue un vrai moment d'émotion, sans d'ailleurs que l'on comprenne exactement pourquoi. C'est en tous les cas la conscience que l'attention précise au réel ouvre en nous des chemins inattendus. C'est aussi la découverte du tumulte que font les émotions derrière la volonté de les taire.

Un inventaire
pour inventer sa vie

Notes de chevet, Sei Shônagon
Je voudrais pas crever, Boris Vian

Inventaire sympathique

Cette séance va constituer une sorte de palier avant de passer de l'instantané à l'écriture subjective du ressenti. Elle aura pour but de bien consolider le ciment du groupe avant d'entamer une descente individuelle plus profonde dans sa propre histoire.

À la manière de Sei Shônagon, dame de la cour de l'empereur japonais du XIe siècle, et de ses écrits intimes, publiés sous le titre *Notes de chevet* aux éditions Gallimard, il s'agit de grouper objets, images, scènes, pensées autour d'un sentiment ou d'un jugement.

Commencez par lire quelques extraits de l'œuvre, touchante par la délicatesse de ses traits et son double aspect intemporel et fortement ancré dans la réalité sociale.

> *« Choses qui font battre le cœur.*
>
> *Des moineaux qui nourrissent leurs petits.*
>
> *Passer devant un endroit où l'on fait jouer de petits enfants.*
>
> *Se coucher seule dans une chambre délicieusement parfumée d'encens.*

> *S'apercevoir que son miroir de Chine est un peu terni.*
>
> *Un bel homme, arrêtant sa voiture, dit quelques mots pour annoncer sa visite.*
>
> *Se laver les cheveux, faire sa toilette, et mettre des habits tout embaumés de parfum. Même quand personne ne vous voit, on se sent heureuse, au fond du cœur.*
>
> *Une nuit où l'on attend quelqu'un. Tout à coup, on est surpris par le bruit de l'averse que le vent jette contre la maison. »*

À la manière de…

Chaque écrivant propose à son tour un titre de rubrique, avec un qualificatif ou une périphrase (choses à contempler, choses qu'on aimerait retrouver, choses éblouissantes, etc.) :

> Choses élégantes : de la neige sur les fleurs de glycine, les petits des canards, etc.
> Choses qui font honte
> Choses qui doivent être courtes
> Choses qui sont à propos dans une maison

Les autres écrivent immédiatement une ou deux choses correspondant, à leur sens, à cette qualité. Voici la production d'un groupe sur une proposition d'un des participants : faire l'inventaire des choses qui piquent.

> Les joues des hommes le dimanche
> Les bogues de châtaignes
> Les moqueries

Autre exemple sur la proposition du participant suivant : les choses qu'on ne voit plus.

> Le chas de l'aiguille sans lunettes
> Les bretonnes en coiffe toute la semaine
> La pub « Y'a bon Banania ! »
> Mes enfants en Babygros

L'exercice est très animé ; chacun se révèle autant par sa proposition que par le jour sous lequel il envisage celle des autres. Bien entendu, il faut rester sur le mode ludique : on mélange tout, on s'amuse, même si parfois un trait plus grave vient se poser là, l'air de rien.

Variante pour aller plus loin

Le plaisir de l'inventaire peut encore être étendu à celui des *« ravissements infimes »,* ces bonheurs quotidiens qui sont l'essence même de la joie de vivre. L'inventaire peut détailler parfois les différents plaisirs qui constituent cet instant précieux.

> Étendre le linge dehors quand le ciel est bien pur. Choisir les pièces avec soin, en fonction de leur épaisseur, à étendre plus ou moins près du vent. Secouer un peu chaque pièce de linge pour qu'elle se défroisse puis parfaire la chose du plat de la main une fois étendue sur le fil. Repartir avec la bassine vide et jeter un dernier regard de satisfaction sur le linge sagement disposé.
> Sentir l'odeur de la soupe de poireau, entendre les bouillons maugréer doucement dans le crépuscule, sous le couvercle, voir le carreau de la cuisine se remplir de buée.
> Toucher une pierre ronde, bien encastrée dans un mur.
> Remuer la ratatouille dans tous les sens une fois qu'elle est cuite.

Ici, l'écriture nous met un peu au monde en nous permettant de nommer des faits quotidiens et de les reconnaître comme des plaisirs – mieux, comme des joies, comme des *ravissements*, la sensation nous permettant de communiquer avec une conscience aiguë de l'instant.

À la manière de…

C'est encore une sorte d'inventaire, à la fois grave et dérisoire, de tout ce qu'on voudrait faire, voir, connaître avant de mourir. Les désirs insolites, les questions de fond, tout cela doit être brassé dans le texte, patchwork pathétique et burlesque.

Faites un détour par le poème de Boris Vian, « Je voudrais pas crever », avant de proposer de passer à la réalisation de cet inventaire pas comme les autres :

> *« Je voudrais pas crever*
> *Sans savoir si la lune*
> *Sous son faux air de thune*
> *A un coté pointu*
>
> *Si le soleil est froid*
> *Si les quatre saisons*
> *Ne sont vraiment que quatre*
>
> *Sans avoir essayé*
> *De porter une robe*
> *Sur les grands boulevards »*

Puis, proposez aux écrivants de s'adonner à leur tour à cette sorte de « lettre au Père Noël » ; ce pourrait être l'occasion pour chacun de se recentrer sur ce qui est vraiment important pour lui.

> Je voudrais pas crever sans avoir réussi à marcher sur les mains
> Sans avoir partagé le repas des bédouins
> Sans avoir vu briller la lune dans leurs yeux et la nuit dans leurs mains.
> Je voudrais pas crever sans qu'on ait inventé
> La machine à regarder la télé,
> Les hôpitaux oranges
> Les perchoirs pour les anges.
> Je voudrais pas crever
> Avant d'avoir nourri
> Tout ce qui peu ou prou
> Ressemble à de la faim.
> Je voudrais pas crever avant d'avoir senti mon corps se diluer dans l'eau d'une rivière
> Mon nez sous l'eau de pluie

Ma bouche vers le ciel qui parle au paradis.
Je voudrais pas crever avant d'être bien sûre
Que mes enfants sont grands, qu'ils ont de bonnes chaussures,
Je voudrais pas crever
Sans avoir devisé avec un escargot
Sans avoir chahuté avec les cachalots
Sans avoir réussi
à trouver le sentier
enchanté et fleuri
qui mène hors de la vie
Et si c'était possible,
Oui, tout bien réfléchi
Je voudrais pas crever.

Selon le nombre de participants, cette séance pourra s'étaler sur une ou deux heures. En effet, le temps passé sur la première proposition d'écriture (à la manière de Sei Shônagon) dépend évidemment du nombre de titres proposés : chacun aura envie de proposer le sien.

Derrière l'instantané

 *Le Voile noir,* Anny Duperey

Pour se lancer

Faites circuler une photo en noir et blanc (un cliché de Doisneau, par exemple) et demandez aux participants d'écrire à toute vitesse ce qui leur passe par la tête au sujet de cette photo. Les approches vont être très diverses, les uns feront parler un personnage, les autres feront parler un autre personnage, d'autres encore analyseront l'impression produite, etc. Là encore, il ne sera pas question de s'appesantir sur les lectures, la différence entre les productions parlera d'elle-même. D'emblée la singularité de chacun se trouvera posée comme axiome de départ.

 À la manière de…

Avec cette activité, nous nous dirigeons vers l'évocation de la subjectivité. Il va s'agir de choisir dans sa mémoire une photo de soi avec une ou plusieurs personnes et de la décrypter comme si on cherchait à comprendre quelque chose de notre réalité à travers la photographie de cet instant, comme si on avait complètement perdu la mémoire de cette époque et que l'on veuille la retrouver en s'accrochant à des indices : un regard, un geste de la main, une attitude…

Pour faire vraiment saisir ce que vous proposez, lisez le très beau texte d'Anny Duperey extrait du *Voile noir* où elle raconte la quête de sa mémoire perdue au décès simultané de ses deux parents, alors qu'elle avait 6 ans.

> *« Ce qui me touche sur cette photo, m'émeut aux larmes, c'est la main de mon père sur ma jambe. La manière si tendre dont elle entoure mon genou, légère, mais prête à parer à toute chute, et ma petite main à moi, abandonnée sur son cou. C'est deux mains, l'une qui soutient et l'autre qui se repose sur lui.*
>
> *Après la photo, il a dû resserrer son étreinte, m'amener à plier les genoux, j'ai dû me laisser aller contre lui, confiante, et il a dû me faire descendre du bateau en disant : « Hop là !, comme le font tous les pères en emportant leur enfant dans les bras en sautant un obstacle. »*

En regardant une photo d'elle dans les bras de son père sur une plage de Normandie, l'auteur essaie de comprendre, de ressentir ce qui l'unissait alors à son père. C'est par un détail plus signifiant que le reste qu'elle va chercher à entrer dans cet instant.

Proposez de commencer la production par la même formule qu'Anny Duperey : *« Ce qui me touche sur cette photo »*, à remplacer éventuellement par « Ce qui m'étonne sur cette photo », « Ce qui m'émeut… », etc., et de faire suivre immédiatement la formule du détail que l'on va choisir : « c'est l'expression de ma sœur, c'est notre sourire, à tous les trois, c'est la position de sa main, etc. ». Puis, à partir de ce détail, il sera possible de reconstruire cette réalité, *avec la conscience que l'on a aujourd'hui,* avec le recul et la clairvoyance qui en découle.

> Ce qui m'étonne sur cette photo, c'est la place que j'occupe : debout à côté de la maîtresse quand les autres, et elle y compris, sont assis. J'ai un tout petit baigneur noir dans les bras et un regard comme gêné d'être là. La maîtresse, légèrement penchée vers moi, est souriante, sans doute animée de cette bienveillance qu'ont les bons enseignants à l'égard des enfants un peu différents.

Après la photo, chacun a dû immédiatement retourner à la vivacité de ses occupations. J'ai dû rester debout, rêveuse, contemplative, mon poupon dans les bras. J'ai dû m'approcher des chevalets à peindre, fascinée par les couleurs, espérant mon tour. Espérant ma place. N'osant pas la prendre.

La lecture des travaux étonne souvent. Cette photo qu'on connaissait depuis toujours a révélé quelque chose dont on n'avait encore jamais pris aussi intensément conscience. On dirait qu'il suffit de regarder attentivement un seul instant de notre vie pour en percevoir les enjeux profonds, un peu comme un seul cheveu peut contenir tout le code génétique d'un individu.

Fausses photos de vrais instants

Trente autoportraits sur mon lit de mort, Éric Chevillard

Pour se lancer

Comme dans la séance 4, donnez ces amorces de phrases oralement que chacun complétera sans réfléchir, comme on le ferait dans un test projectif. Ici, il ne s'agira pas d'interpréter les réponses, bien sûr, mais de goûter la singularité de sa propre réponse. Il faudra faire lire toutes les suites de la première amorce, puis toutes celles de la deuxième, ainsi de suite. L'exercice appelle chacun dans cette sorte de chorale, il donne à entendre sa voix, il donne confiance. Il n'a aucun sens en lui-même, il est juste là pour déverrouiller.

> *1) Le père de Matéo...*
> est un fieffé menteur.
> n'est jamais revenu de la guerre.
> ne se regarde jamais dans la glace,
> *2) J'ai toujours peur de...*
> *3) Chaque fois qu'on le laissa seul...*
> *4) Ce que je demande à la vie, c'est...*

Inventer son album

Les photos que nous allons maintenant convoquer sont des photos qui n'existent pas, mais qui auraient pu exister car elles représentent des moments que nous avons réellement vécus.

Il va s'agir d'utiliser l'image pour dire un aspect important de notre vie. Si cette image n'existe pas réellement, c'est un cliché fictif d'un instant qui a réellement existé. Un instant symbolique, pas nécessairement important, mais qui donne à voir un aspect fondateur de notre personnalité. Là encore, surtout, ne pas réfléchir : on n'engage rien de grave, il faut rappeler que chacun va répondre à cette motivation en fonction de sa journée présente, de ce qu'il a précisément besoin d'évoquer ce jour-là. Demain, d'autres images viendraient certainement.

Lisez un extrait de *Trente autoportraits sur mon lit de mort* d'Éric Chevillard pour commencer ; ce texte propose trente courts paragraphes numérotés figurant des instantanés de souvenirs comme si l'auteur commentait l'album de famille :

> « *3. C'est moi, à sept ans, l'âge où tout est joué, dit-on, la personnalité acquise ne changera plus. (…) Déjà fuyant et peu sociable, je joue seul à colin-maillard dans la chambre de mes parents. (…)*
>
> *6. C'est moi, sur fond de paysage alpestre, en compagnie de mon ami Gilles. Un voyage que nous fîmes au sortir de l'adolescence, pour en sortir. Nos silhouettes sont à peine ébauchées, mais le torrent derrière nous témoigne déjà d'une originalité certaine. (…)*
>
> *7. C'est moi, le jour de mon arrivée à la caserne. Resté seul dans la chambrée (tandis que le fourrier remet à mes compagnons d'armes leur bel uniforme (…), je lis* Don Quichotte, *ce qui me valut d'être réformé le soir même — P4, diagnostiqua le psy-caporal-chef, mais j'entendis Pâquerette.* »

Vous pouvez tout de même suggérer une attitude résolument positive : se souvenir des belles choses nous met naturellement en contact avec un sentiment de gratitude pour notre vie elle-même. C'est une façon d'expérimenter un état de vie plus joyeux, plus léger. On ne dira jamais trop la valeur de réconciliation intime de l'écriture. On ne peut pas refaire le passé ? Et pourtant, il y a trois mille façons de le voir. Sur le passé aussi on peut exercer son potentiel de création.

S'il influence le présent, le présent peut aussi lui donner une nouvelle forme, modifiant par là même son influence.

À la manière de…

Comme Éric Chevillard, nous allons imaginer que nous feuilletons un album de photos imaginaires avec quelqu'un à qui nous présentons chacune de ces photos en commençant par ces mots : « C'est moi ».

C'est moi. Les cheveux dans le vent, je conduis la vieille deux-chevaux de ma mère. Autour de moi, mes neveux et nièces et mes deux enfants, debout sur les sièges. Tous chantant à tue-tête, nous brinquebalons sur le chemin qui passe à travers la forêt. C'est la fin du jour et nous sommes heureux.

C'est moi. La mer est haute, il fait froid, c'est l'hiver. Je viens de sortir de l'eau, je m'étire dans le vent du nord et dans le soleil pâle. Sur le sentier, il y a des promeneurs emmitouflés.

C'est moi. Mon enfant dans les bras. Je ne bouge pas. Il me semble que le moindre mouvement va me faire exploser de bonheur.

C'est moi. Recroquevillée dans mon duvet sous les étoiles. Pelotonnée sur les cailloux. Je regarde le ciel, prête à tomber dedans.

C'est moi. Je prends le chemin de la petite châtaigneraie. J'ai fini mes devoirs. Tout va avoir le goût que j'aime et le parfum du bois brûlé.

C'est moi. Assise à la proue du bateau. Je me force à apprécier l'instant, vraiment superbe. Mais j'aimerais bien être ailleurs.

C'est moi. Je viens de disposer les deux goûters sur la table. J'ai mis tout mon cœur dans ce que je viens de leur préparer. Je les regarde d'un œil apaisé et heureux.

C'est moi. Remontant la ruelle de la Maison des Poètes et des Écrivains. Il y a déjà du monde qui attend devant la porte. Je me hâte, m'excuse, pourtant je ne suis même pas en retard !

L'écriture du ressenti : le trait

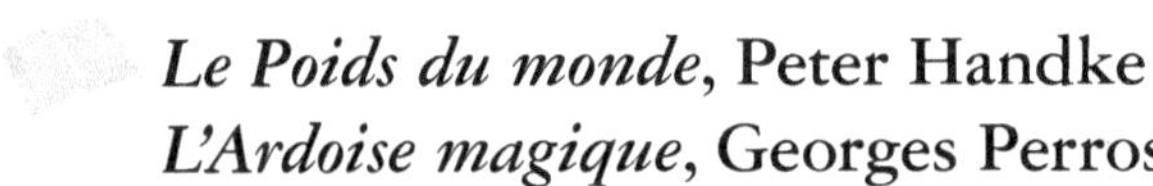

Le Poids du monde, Peter Handke
L'Ardoise magique, Georges Perros

Pour se lancer

Prenez une strophe d'un poème de votre choix et donnez la première moitié de chaque vers avec la consigne de terminer le vers à son gré. L'ensemble des quatre ou six vers doit former un tout cohérent mais pas nécessairement rimé, pour ne pas donner une double contrainte.

Le trait

Demandez de relire le travail réalisé au cours de la séance précédente : la série de photos fictives d'instants symboliques de sa vie. Pour chaque photo, s'arrêter et se demander ce que ce moment a à nous dire. Quelle pensée, quelle réflexion suscite-t-il aujourd'hui, lorsque nous y repensons ? Essayer de synthétiser ces réflexions en une seule phrase, comme si l'expérience, suivant le trajet compliqué d'un alambic, finissait par ressortir sous la forme d'une goutte essentielle.

Laissez le temps. S'il ne vient qu'une seule phrase, ou s'il n'en vient pas du tout, ce n'est pas grave. Donnez dix minutes pour ce travail, un temps de silence et de maturation est nécessaire.

C'est moi. Les cheveux dans le vent, je conduis la vieille deux-chevaux de ma mère. Autour de moi, mes neveux et nièces et mes deux enfants, debout sur les sièges. Tous chantant à tue-tête, nous brinquebalons sur le chemin qui passe à travers la forêt. C'est la fin du jour et nous sommes heureux.

Comment ne pas donner ce goût unique de la liberté à nos enfants quand c'est ce que la vie nous a donné de meilleur ?

C'est moi. La mer est haute, il fait froid, c'est l'hiver. Je viens de sortir de l'eau, je m'étire dans le vent du nord et dans le soleil pâle. Sur le sentier, il y a des promeneurs emmitouflés.

Toujours cette urgence de prendre, de boire à longs traits les sensations du corps, les dons des éléments.

C'est moi. Mon enfant dans les bras. Je ne bouge pas. Il me semble que le moindre mouvement va me faire exploser de bonheur.

La plus incroyable émotion de la vie, c'est quand ton cœur sort de ton corps pour aller habiter celui d'un autre.

C'est moi. Recroquevillée dans mon duvet sous les étoiles. Pelotonnée sur les cailloux. Je regarde le ciel, prête à tomber dedans.

Comme il est familier, le ciel, comme il semble possible de savoir voler !

C'est moi. Assise à la proue du bateau. Je me force à apprécier l'instant, vraiment superbe. Mais j'aimerais bien être ailleurs.

L'obligation de réaliser d'autres rêves que les siens peut changer même le paradis en enfer.

C'est moi. Je viens de disposer les deux goûters sur la table. J'ai mis tout mon cœur dans ce que je viens de leur préparer. Je les regarde s'asseoir avec un œil apaisé et heureux.

S'occuper d'un autre, suffire à son bonheur, s'y appliquer, bonheur absolu en ce monde.

Les phrases qui viennent de naître prennent tantôt des allures d'aphorismes, tantôt de vers libres énigmatiques, mais en tous les cas, elles ne se veulent rien en elle-même, elles sont l'expression la plus pure d'un ressenti.

Le pas qui vient d'être fait est très important. C'est l'élan vers l'écriture, c'est dépasser l'expérience sans la quitter mais au contraire en allant en habiter les régions les plus profondes, ce niveau où tout est communicable parce que devenu universel.

À la manière de…

Ces phrases que nous venons d'écrire s'appellent des traits.

La notion de trait en littérature a été mise au jour par Peter Handke. Il a pris des notes pendant un an et demi dans l'idée de les utiliser pour un roman et a finalement décidé de les publier telles quelles, sous le titre *Le Poids du monde*. Et il est un fait que la notion de poids est bien en jeu : le trait, c'est le poids que pèsent les événements sur ma conscience, sur ma vie.

Le trait est l'expression la plus pure de la subjectivité. Il forme en général un tout, bref et autonome. Une phrase suffit le plus souvent à le tracer. C'est une coulée d'émotion, le filet de lumière qui suit le choc du ressenti. Il ne parle jamais des événements extérieurs qui ont occasionné cet état de conscience mais seulement du poids qu'ils ont pesé sur la minute qui les a accueillis. Voici deux courts extraits du recueil de Peter Handke :

> *« Simplement regarder son visage, cela me rendait heureux d'avance. »*
>
> *« Dans la plénitude du sentiment d'échec, ne plus rien dire. »*

Le recueil de Georges Perros, *L'Ardoise magique*, est aussi un chef-d'œuvre du genre. Écrit à la suite d'une trachéotomie consécutive à un cancer, il doit son titre à cette ardoise grâce à laquelle l'auteur communiquait avec ses proches et le personnel hospitalier.

> *« J'habite mon ombre.*
>
> *Depuis que je suis muet, on me parle comme à un sourd.*
>
> *Après tout, il me reste le plaisir de vivre. Pas mal.*
>
> *Parole. On me parle toujours d'autre chose. »*

Après la lecture de quelques courts extraits, proposez aux écrivants de se remémorer les événements de la semaine passée et d'en extraire quelques traits. Rappelez-leur bien qu'il n'est pas nécessaire de nommer ou décrire cet événement, seulement de retrouver son point d'appui sur leur conscience. Même si les auditeurs ne comprennent pas de quelle sorte d'événement il s'agit, cela n'altérera en rien l'efficacité du trait ; au contraire, les émotions évoquées n'en seront que plus universelles. C'est la raison pour laquelle le trait est à la fois la forme d'écriture la plus intime et la plus pudique : à aucun moment on n'a à raconter ce que l'on vit, concrètement.

> Le leurre serait de croire qu'il suffirait de fuir ce qui nous empêche
> d'être tout à fait heureux.
> Ce n'est jamais démodé, le printemps !
> Dormir paisiblement dans un champ de tir…
> Certains matins ne sont que de la lumière.

Ce travail doit être remis plusieurs fois sur le métier. En effet, il est fort possible, au début, que seul un petit nombre de participants ait écrit quelque chose. N'hésitez pas à procéder à un premier tour de table : en les écoutant, quelques autres vont se trouver lancés et écriront. Le second tour de table sera déjà plus étoffé. On pourra éventuellement recommencer une troisième fois. Surtout, au début de l'activité, prévenez que l'exercice est difficile : l'essentiel est ce moment d'intériorité ; ne pas écrire ne constitue en aucun cas un échec.

Variante

Vous pouvez proposer l'activité suivante pour consolider ce qui vient de se découvrir là en approfondissant la notion de subjectivité, c'est-à-dire la prise en compte exclusive de soi en temps que sujet : sujet pensant, sujet recevant et sujet agissant. Le mot qui donne à un autre mot sa valeur de sujet, c'est le verbe : la grammaire de la langue n'a pas une existence séparée du sens, elle en est l'expression.

Demandez aux participants de penser à la journée de la veille et de dresser la liste des verbes à l'infinitif aptes à évoquer leur activité.

> Se lever
> Bâiller
> Sourire
> Brosser
> Frotter
> Se souvenir
> Secouer
> Répéter

Demandez ensuite de disposer tous ces verbes de manière à ce que l'organisation choisie traduise la marque, l'atmosphère de cette journée. On pourra répéter certains verbes, ou les placer différemment.

>   Répéter
> Sourire
>   Répéter
> Secouer
> Se lever
>   Répéter
> Bâiller

Après chaque lecture, demandez à chaque auditeur de dire le mot qui, selon lui, pourrait condenser l'impression que sa liste de verbes lui donne (exemple : conflit, échange, sérénité, etc.). Les impressions sont en général assez nettes, chacun perçoit bien ce qui émane de cette liste.

Pour les auteurs, la surprise est de constater combien cette série de verbes est porteuse d'une réalité profonde, parfois pourtant à peine consciente. C'est que ces verbes sont notre réponse au poids du monde, notre manifestation en tant que sujet. Cette expérience est singulière car elle jette une lumière inhabituelle sur notre vécu.

La pratique du trait est une méthode d'introspection féconde parce que dégagée de toute complaisance et de tout nombrilisme. Le nécessaire dépouillement de la forme implique la retenue de la démarche et permet au scripteur d'aller à l'essentiel, de rencontrer le point de butée qui transforme une épreuve en prise de conscience, un « manque d'avoir » en « être »[1].

Pour les ateliers d'adultes, il pourra être très bénéfique de commencer chaque séance par cinq minutes de traits : ce sera comme un sas libérateur qui permettra de s'installer plus vite dans la création.

On peut dire que l'écriture créative ou écriture sensible se décline autour des deux axes qu'on vient de découvrir : l'un horizontal – celui de l'attention au réel, l'instantané – et l'autre vertical – celui de l'écriture subjective, totalement centrée sur le ressenti, le trait.

---

1. Alain André, cité par Claire Boniface dans *Les Ateliers d'écriture*, Retz, 1992.

Rencontre du trait et de l'instantané : l'écriture à quatre mains

 *Le Crime d'Olga Arbélina*, Andreï Makine

La rencontre des textes et des ressources créatrices décuple les possibilités de chacun, probablement parce qu'elle impose une contrainte supplémentaire : à contrainte maximum, libération maximum. En effet, cette activité suppose de confier son texte à un autre qui va le compléter. Il faut laisser le choix aux écrivants de pratiquer ou de ne pas pratiquer cet échange : certains pourront avoir commencé le travail avec le désir nourri d'aller jusqu'au bout d'une idée à laquelle ils tiennent. Insistez tout de même sur le fait que l'échange va leur faire vivre une expérience réellement étonnante et souvent révélatrice de leur état intérieur du moment.

Inventaire d'instantanés capturés dans le même lieu

Commencez par lire à haute voix cet extrait du texte d'Andreï Makine :

> « *Ces rideaux sombres, le plafond éclairé de biais par une lampe posé sur une chaise (…), ce soleil d'août dont on reconnaît la lenteur poussiéreuse malgré les rideaux et les volets fermés. Et derrière les*

rideaux, à quelques centimètres de l'intérieur calfeutré de la pièce, la rencontre de deux passants, leurs paroles (« Moi, je vous le dis, on ne verra pas tellement la viande l'année prochaine... »), puis le martèlement d'un tramway et, en réponse, le grésillement sonore des verres dans l'armoire. (...)

Une pièce étroite, un incroyable entassement de meubles (...). Dans l'angle, presque sous le plafond, le rectangle brun et dorée d'une icône camouflée sous un long pan de tissu... Au milieu de ce fouillis, des draps raides, frais, l'odeur de l'alcool, cette table, semblable à une banquise. »

Après la lecture de ce texte, vous ferez bien comprendre aux stagiaires la valeur salvatrice de l'inventaire tel qu'il est pratiqué ici. Placé au centre d'une douleur dont il n'est pas possible de sortir, une douleur qu'il est impossible de combattre ou de nier, il reste la ressource pour agrandir le cercle de ses perceptions. Dans l'espace soudain agrandi, la souffrance cesse d'être un univers pour devenir élément d'un univers. Cela change tout, c'est là une vraie révolution humaine...

À la manière de...

Vous allez proposer aux participants d'écrire à leur tour un inventaire tel qu'une personne en proie à une émotion pourrait le pratiquer, avec cette acuité spéciale que donne l'émotion. Précisez bien qu'ils n'ont aucunement besoin de connaître l'histoire du personnage ni la situation dont il est question. Ce personnage ne doit pas apparaître dans l'évocation des instantanés : ces derniers ne sont qu'extérieurs. On ne doit avoir aucun signe de sa présence, ni de ses sentiments.

Les participants ont simplement à se transporter dans un endroit de leur choix, onirique ou réel et à rapporter de courts instantanés.

S'ils n'ont pas d'idée de lieu, il leur suffira de commencer par évoquer avec précision un objet pour que, petit à petit, le lieu qui l'entoure se dessine avec précision. Une fois de plus, la phrase d'Aragon : « On pense à partir de ce qu'on écrit et pas le contraire » se trouve vérifiée : comme au cours du rêve éveillé, la vision se déroule d'elle-même, obéissant à sa propre dynamique de développement.

Enfin, précisez aux écrivants qu'ils doivent écrire sur une page vierge et laisser deux ou trois lignes blanches entre chaque instantané.

> Le torchon humide posé sur le rebord du bassin en zinc et le bruit des gouttes d'eau qui en tombent sur un rythme très lent. L'évier carré, un peu ébréché.
> La casserole, posée en équilibre sur le bord de la cuisinière, basculée entre les barres de la grille, dont l'eau continue à bouillir à petits bouillons sur une flamme bleue.
> Dehors, le jardin ruisselle. Loin derrière le mur, une grue tourne lentement sur elle-même.
> Il n'est que trois heures, mais il fait presque sombre.
> On marche au-dessus, lentement, sans cesse, de long en large. Parfois les pas s'arrêtent, puis une porte d'armoire grince ou bien il ne se passe rien.
> La table est encombrée de vieux journaux recouverts d'épluchures, un peu oxydées déjà.
> L'air est tiède, léger. Il y a comme une odeur de rose, ou plutôt d'eau de rose.

Prise de terre

La seconde partie du travail va constituer l'ancrage de l'histoire en train de se créer : il va falloir élucider la situation : de qui et de quoi s'agit-il ? Qui parle ? Qui voit ?

Lisez à présent le texte suivant, afin de laisser apparaître le sens véritable de l'inventaire. Faites remarquer que peu de phrases sont ajoutées mais qu'elles sont primordiales pour donner sa gravité à l'inventaire lu précédemment. Pour que chacun comprenne bien, levez la main chaque fois que vous lirez les parties soulignées.

J'ai d'abord remarqué le torchon humide posé sur le rebord du bassin en zinc et le bruit des gouttes d'eau qui, en le quittant, tombent dans le fond de l'évier ébréché sur un rythme très lent.

D'habitude, Maman ne laisse jamais un tel désordre dans la cuisine. Je la cherche du regard dans la pièce, puis l'appelle. En vain.

Seule, une casserole me répond, posée en équilibre sur le bord de la cuisinière, basculée entre les barres de la grille, dont l'eau continue à bouillir à petits bouillons sur une flamme bleue.

Il se passe quelque chose. Du haut de mes sept ans, je sens bien que tout cela est étrange. J'ai tout à coup un peu peur et je m'assieds à la table, face à la fenêtre, les coudes bien hauts, posés sur la toile cirée.

Dehors, le jardin ruisselle. Loin derrière le mur, une grue tourne lentement sur elle-même. Je suis tout seul et c'est un peu long. Ma sœur non plus n'est pas là. Il n'est que trois heures, mais il fait presque sombre. J'ai froid.

On marche soudain au-dessus, lentement, sans cesse, de long en large. Je connais bien ce bruit de pas. Au-dessus, c'est la chambre de ma sœur, ma petite sœur. Quand elle a une crise, Maman reste toujours auprès d'elle et marche, sans s'arrêter, comme pour faire la garde contre la maladie au pied de son lit. Parfois les pas s'arrêtent, puis une porte d'armoire grince ou bien il ne se passe rien. Je n'ai pas le droit de monter là-haut quand ma petite sœur est malade.

La table est encombrée de vieux journaux recouverts d'épluchures, un peu oxydées déjà. Cela fait combien de temps que Maman est là-haut ? L'air est tiède, léger. Il y a comme une odeur de rose, ou plutôt d'eau de rose. C'est une maladie bizarre, grave et pourtant à l'odeur agréable. «Ce n'est pas juste», dit souvent Maman.

«L'eau de rose, c'est le parfum des Anges», dit souvent Maman.

Après la lecture des travaux, chacun va choisir un inventaire parmi ceux qu'il vient d'entendre et va le compléter à la manière du texte ci-dessus.

Le moment de la lecture va être un pur bonheur pour ceux qui auront échangé leurs textes. Ils vont avoir en direct une lecture subconsciente de leurs instantanés. Car évidemment, ce sera bien leurs images qui auront ensemencé l'imagination de leur pair. L'histoire apparaîtra comme en croissance organique, très harmonieusement tissée. L'écoute de cette production sera toujours troublante, comme si elle révélait une disposition inconsciente, notre état d'esprit du moment. Elle nous renseignera sur nos tensions, nos aspirations, nos élans. Le plus étonnant sera la narration bâtie à partir des instantanés d'un lieu réel : très souvent, le comparse mettra au jour des choses absolument vraies.

Il n'est pas besoin, je pense, d'insister sur la nature très profonde des liens que ce genre de travail peut tisser.

Avec cet exercice, on vient d'entrer dans l'écriture de la fiction, puisqu'on est entré dans un autre univers que le sien, puisqu'on y a créé un autre personnage que soi-même. Nous allons à présent appuyer la démarche pour entrer résolument dans un autre corps que le nôtre !

Anamnèse

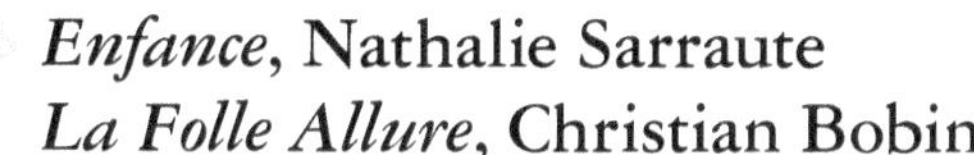

Enfance, Nathalie Sarraute
La Folle Allure, Christian Bobin

Pour se lancer

Compléter les phrases ci-dessous, comme il a été proposé de le faire aux séances 4 et 7. Cet exercice est inépuisable. Avec les jeunes, vous pouvez le proposer à chaque début de séance. Vous pouvez même leur demander de trouver eux-mêmes des débuts de phrases à proposer aux autres.

> La mère de Benjamin…
> Chaque fois que les voisins se réunirent sans l'avoir invité…
> Il ne faudra jamais…

Souvenir d'enfance

Il va s'agir à présent d'explorer un souvenir d'enfance, de faire une plongée dans un instant évoqué en recherchant l'acuité des sensations d'alors.

Il resurgira avec plus de couleurs encore s'il est anodin et n'a encore jamais été raconté, ni donc été interprété.

Cette activité va consister à ramener au présent un souvenir passé, avec précision, comme s'il était en train de se vivre.

Le modèle dans le style reste bien *Enfance* de Nathalie Sarraute. C'est une enfance fracturée entre un père français et une mère russe, entre un univers et un autre, dans des allées et venues bouleversantes, qu'elle cherche à guérir dans ce roman. Elle y exhume des souvenirs précis, recherchant avec honnêteté à retrouver les blessures à revisiter, à refermer. Pour cela, elle s'appuie sur les sensations, retrouve la vérité des émotions, fait jaillir des souvenirs tout frais. Pour être sûre de ne pas laisser le raisonnement *a posteriori* entraver cet élan, elle s'invente un double, chargé de prendre les réflexions en charge, de questionner, de guider.

> *« Je me promène avec mon père… ou plutôt il me promène, comme il le fait chaque jour quand il vient à Paris. (…)*
>
> *Nous sommes passés par l'entrée du Grand Luxembourg qui fait face au Sénat et nous nous dirigeons vers la gauche, où se trouvent le Guignol, les balançoires, les chevaux de bois…*
>
> *Tout est gris, l'air, le ciel, les allées, les vastes espaces pelés, les branches dénudées des arbres. Il me semble que nous nous taisons. En tout cas, de ce qui a pu être dit ne sont restés que ces mots que j'entends encore très distinctement : « Est-ce que tu m'aimes, papa ?… » dans le ton rien d'anxieux, mais quelque chose plutôt qui se veut malicieux… »*

À la manière de…

Étape 1 : inventaire de mémoire *(5 minutes)*

Vous allez demander aux écrivants dans un premier temps de faire une liste de tous les bruits ou de toutes les odeurs dont ils peuvent se souvenir.

C'est un inventaire facile à faire qui ne demande aucun effort de mémoire : les sensations s'enchaînent à toute vitesse.

Variante : inventaire autour d'un élément

Il s'agit pour chacun d'explorer le rapport qu'il entretient, dans sa mémoire, avec un élément donné : collectionner toutes les images qui surgissent dès qu'on évoque cet élément.

Autour de l'eau
Des gouttes perlant sur une peau brune.
Le chuchotis d'un tout petit ruisseau dans les bois.
La gifle d'une vague sur le ventre.
Le filet d'eau froide le long de la joue lorsque l'on boit au robinet.

Les images affluent très vite. Elles sont d'une étonnante diversité, les références sont multiples : personnelles, historiques, culturelles, affectives, etc.

Étape 2 : lecture des travaux et choix aléatoire d'une sensation support

Au cours d'un premier tour de table, chacun désignera un participant avant de lire sa liste. Ce dernier choisira un bruit ou une odeur *pour le lecteur*. Cela veut dire que chacun va développer une sensation *issue de sa propre liste* mais choisie par un pair. Par exemple, A nommera B, et B, après avoir écouté la liste de A, choisira un élément que A développera par la suite.

Étape 3 : écrire une anamnèse à partir de cette sensation *(10 **minutes**)*

C'est la fameuse « Madeleine de Proust ». Vous pouvez lire le texte suivant de Chateaubriand pour expliquer ce qu'est l'anamnèse.

> *« Hier au soir, je me promenais seul, le ciel ressemblait à un ciel d'automne ; un vent froid soufflait par intervalles. À la percée d'un fourré, je m'arrêtai pour regarder le soleil : il s'enfonçait dans des nuages au-dessus de la tour d'Alluye, d'où Gabrielle, habitante de cette tour, avait vu comme moi le soleil se coucher il y a deux cents ans. (…)*
>
> *Je fus tiré de mes réflexions par le gazouillement d'une grive perchée sur la plus haute branche d'un bouleau. À l'instant, ce son magique fit reparaître à mes yeux le domaine paternel ; j'oubliai les catastrophes dont je venais d'être le témoin, et, transporté subitement dans le passé, je revis ces campagnes où j'entendis si souvent chanter la grive. »*

Ici, c'est par le truchement d'une sensation visuelle, auditive, gustative ou olfactive que le passage du présent au passé va s'opérer. On peut utiliser la formule magique « Soudain ce son [ou ce parfum ou ce goût] me ramena des années en arrière… » et s'appliquer à utiliser le temps grammatical présent pour raconter un souvenir.

L'anamnèse est en effet l'évocation simultanée de deux, voire trois moments différents : présent et passé ou présent, passé et futur.

Vous pouvez ensuite lire un autre extrait d'*Enfance* de Nathalie Sarraute, pour donner vraiment le ton de la simplicité et de la fraîcheur d'évocation.

> *« J'ai reçu un large livre relié que j'aime beaucoup feuilleter, j'aime écouter quand on me lit ce qui est écrit en face des images… mais attention, on va arriver à celle-ci, elle me fait peur, elle est horrible… un homme très maigre au long nez pointu, vêtu d'un habit vert vif avec des basques flottantes, brandit une paire de ciseaux ouverte, il va couper dans la chair, le sang va couler… « Je ne peux pas le regarder, il faut l'enlever… (…) — On va coller les pages. » Maintenant je ne la vois plus mais je sais qu'elle est toujours là, enfermée… la voici qui se rapproche, dissimulée ici, où la page devient plus épaisse… il faut feuilleter très vite, il faut passer par-dessus avant que ça ait le temps de se poser en moi, de s'incruster… ça s'ébauche déjà, ces ciseaux taillant dans la chair, ces grosses gouttes de sang, mais ça y est, c'est dépassé, c'est effacé par l'image suivante. »*

Après avoir lu l'extrait ci-dessus, mettez en évidence les procédés stylistiques qui permettent d'exhumer des souvenirs d'enfance, de leur rendre leur fraîcheur première : usage du temps présent, précision des notations, éclairage cru, liberté syntaxique. Proposez la pratique de l'évocation libre pour remettre à jour des souvenirs d'enfance. Il s'agira de chercher la précision des détails, la vérité des perceptions, de se projeter par l'imagination dans cet instant déjà vécu et de le relater au présent : d'évocation, le texte se fera invocation d'un temps révolu et soigneusement engrangé.

À la manière de...

Demandez donc aux participants de développer l'évocation d'un souvenir lié à la sensation qui leur a été choisie lors du tour de table précédent (étape 2).

L'effet du travail est souvent saisissant : de l'avis de tous, l'écriture nous fait revivre des instants que l'on croyait oubliés, surtout s'ils sont assez anodins pour avoir gardé toute leur fraîcheur.

Demandez ensuite à chacun d'écrire de la même façon deux souvenirs d'enfance, un vrai et un faux, avec autant de réalisme possible.

Il pleut. Je me suis hissée dans le grenier après être montée à l'échelle au-dessus de la cage de l'escalier, avec, au creux du ventre, la terrible peur du vide. J'ai refermé la trappe. Le grenier est clair. Il y a comme une odeur de papier, de poussière, de chaleur. Les gouttes tombent sur les tuiles, énormes, rageuses. J'entends tonner juste au-dessus de ma tête. Le fracas de la pluie devient assourdissant. Tellement affolant que je reste assise par terre, les genoux dans les bras, comme si le moindre de mes mouvements allait défaire l'abri fragile au-dessus de ma tête. Pourtant, en même temps, ce toit fin qui m'isole du ciel, ce plancher qui m'isole de la terre, dans la chaleur et la poussière, me donnent un incroyable sentiment de sécurité, d'autant plus intense qu'elle semble menacée par l'orage.

J'ai 8 ans, 9 ans. Le vieux mur longe un chemin de terre perpendiculaire à la rue que j'aime, parce qu'elle est hors du temps. On s'y repose de la peur de l'école. Elle est en sens interdit et une sorte de petit ru roule doucement le long d'un mur. Le vieux mur est en pierres grises et noires, des pierres volcaniques, avec des trous profonds entre elles. Je pousse dans trois trous mes feuilles de papier roulées sur elles-mêmes. On ne les trouvera pas avant que le temps n'ait fait écrouler ce mur, c'est-à-dire dans longtemps. J'y ai caché des messages à l'intention des futurs archéologues. C'est ma façon de m'arracher au présent qui me bouscule, de m'adresser à ceux qui vivront après moi. Cette rue d'accalmie avant le tumulte de l'école, c'est mon mouvement d'appel, le passage dans l'espace où le temps n'existe pas.

La lecture est intéressante car non seulement, l'écriture des souvenirs est très sensible et touchante, mais le dispositif employé chaque fois pour brouiller les pistes entre le vrai et le faux, est aussi parlant.

À chaque lecture, vous pouvez demander à chaque membre de dire quel est, à son avis, le vrai souvenir. Chacun développe alors un raisonnement très subtil pour essayer de déjouer les pièges, de retrouver la vérité à partir des indices réels dont il dispose.

L'activité fonctionne toujours bien. Le tour de table consécutif à chaque lecture est riche en réflexions. Chacun développe une stratégie assez subtile pour démêler le vrai du faux.

Pour aller plus loin : mon premier amour

Cette suggestion donne toujours de très jolis textes tant la formule sonne fort, pour petits et grands.

Commencez par lire le très beau texte ci-après de Christian Bobin, extrait de *La Folle Allure*. Le narrateur est une petite fille qui a grandi dans un cirque :

> *« Mon premier amour a les dents jaunes. Il entre dans mes yeux de deux ans, deux ans et demi. Il y est encore à l'heure où je vous parle. Aucun autre n'a su prendre sa place. Aucun n'a su descendre aussi loin. J'ai commencé ma carrière d'amoureuse à deux ans avec le plus fier amant qui soit. Aucun autre ne serait à la hauteur, aucun autre ne pourrait prendre sa place. Mon premier amour est un loup. Un vrai loup. Dents ivoire, yeux jaune mimosa. Des étoiles jaunes dans une montagne de pelage noir. »*

À la manière de...

Demandez à chacun de trouver dans sa mémoire un être ou un objet qui a eu une grande importance dans sa petite enfance. Ce pourra être une grand-mère, un doudou, un animal, un lieu, une cabane ou un arbre.

Demandez ensuite de trouver pour cet être un signe distinctif, une qualité première, comme les dents jaunes dans le texte de Christian Bobin. Par exemple, s'il s'agit d'un arbre, on pourra commencer ainsi : *Mon premier amour a la peau dure.* Laissez ensuite se dérouler quelques souvenirs liés à cet être, quelques réflexions sur le trésor d'affection qu'il nous a laissé. Une sorte de célébration, mais subjective cette fois, pas comme celles de Francis Ponge que nous avons vues plus haut. Juste se rappeler ce qui a nourri notre cœur de petit enfant.

> Mon premier amour n'a pas d'odeur. Ni de couleur, même pas de bruit. Il fait autour de moi comme une corolle où viennent mourir les rires, les bons mots et les explications. Mon premier amour me protège et m'isole. C'est lui pourtant qui porte les chants d'oiseaux et qui me berce quand je lis, cachée dans le grenier. On me dit la douce, la petite, grâce à mon premier amour. Pourtant je l'ai malmené, secoué, déchiré, quand j'ai perdu mon enfance. Il fallait bien qu'enfin je parle ! Mon premier amour est le silence.

> Mon premier amour a les yeux tendres. Il n'entre pas dans ma vie, il est ma vie. Il n'entre pas dans mon cœur, il est mon cœur. Mon premier amour a de longues paupières et des mains « toutes comme ça », comme dit Léo Ferré, qui frottent, nettoient, lissent, soutiennent, frictionnent, donnent, donnent, donnent. Mon premier amour ne sait pas trop se mettre en valeur ni se mettre en avant. Mon premier amour se regarde peu, me regarde beaucoup, me dit tout le temps que c'est pas grave si je suis lente, et gourde, et tellement étourdie mais que quand même il faudrait que j'arrête de faire des taches d'encre sur mon imper blanc qui est l'ancien de ma sœur mais qui est aussi trop petit pour moi vu que j'ai les poignets qui dépassent. Mon premier amour est une maman. Une vraie maman, avec un petit ventre un peu rond et doux et des bras qui font le tour de la terre.

« Je » est un autre…

 ***Chroniques martiennes,*** **Ray Bradbury**

Pour se lancer

Commençons par un inventaire des choses que je sais :

> Je sais…
> Qu'une rose d'automne est plus qu'une autre exquise
> Marcher dans la neige
> Que un et un font toujours trois
> Monter les œufs en neige
> Que les nains étaient sept et que Blanche était neige
> Que les souvenirs se ramassent à la petite cuillère
> Que les cerises finiront encore par mûrir

Demandez à chacun de choisir (sans trop réfléchir, encore une fois) quelque chose ou quelqu'un qu'il va habiter : humain, animal, végétal, insecte, bactérie, corps céleste, concept, idée, objet, minéral, sentiment… Une fois choisi, ne pas l'écrire, ne pas en parler.

Lisez ensuite le texte suivant, début de la nouvelle « Celui qui attend », extraite des *Chroniques Martiennes* de Ray Bradbury :

> *« Je vis dans un puits. Je vis comme une fumée dans un puits, comme un souffle dans une gorge de pierre. Je ne bouge pas, je ne fais rien, qu'attendre. Au-dessus de ma tête, j'aperçois les froides étoiles de la nuit et les étoiles du matin – et je vois le soleil. Parfois je chante de*

> *vieux chants de ce monde au temps de ma jeunesse. Comment dire ce que je suis quand je l'ignore ? J'attends, c'est tout. Je suis brume, clair de lune, et souvenir. Je suis triste et je suis vieux. Parfois je tombe vers le fond comme des gouttes de pluie. Alors des toiles d'araignée tressaillent à la surface de l'eau. J'attends dans le silence glacé ; un jour viendra où je n'attendrai plus. »*

Évidemment, il n'est pas possible de deviner qui parle, comme on va essayer de le faire plus tard avec les productions de l'atelier : il s'agit d'une âme échouée au fond d'un puits sur une planète lointaine, et qui attend de pouvoir s'incarner dans un corps vivant. C'est un thème de science-fiction. Vous pourrez vous adresser aux participants de la façon suivante : « Nous allons à présent mettre nos pas dans ceux de l'auteur et écrire, étape par étape. À chaque étape, écrire deux ou trois phrases, pas plus ; l'exercice sera très rythmé. Nous nous plaçons donc à l'intérieur de l'être que nous avons choisi et nous le laissons parler. Essayons de brouiller un peu les pistes, de ne pas utiliser de mots qui pourraient faire deviner trop vite ce que nous incarnons. Vous allez devoir répondre à chaque question, à la manière de Ray Bradbury. La suite de toutes vos réponses constituera un texte structuré comme le sien. »

À la manière de…

Attendez que chacun soit absolument prêt, puis expliquez la première étape.

Étape 1 : je vis où ? (*3 minutes*)

Commencez par demander aux écrivants d'écrire où vit la créature ou l'objet choisi.

Tout de suite, relisez le passage du texte servant de modèle à la réponse que vous attendez :

> *« Je vis dans un puits. Je vis comme une fumée dans un puits, comme un souffle dans une gorge de pierre. »*

Faites immédiatement procéder à un premier tour de table. Ainsi, ceux qui n'ont pas encore trouvé leur idée pourront être inspirés par ceux qui ont écrit et trouver une idée à leur tour.

> Je vis dans un havre de paix. Je vis comme un bébé, comme un enfant bienheureux dans son berceau de plume.

Étape 2 : de là où je suis, qu'est-ce que je vois ? *(3 **minutes**)*

Il s'agit maintenant pour les écrivants de décrire ce que voit le « je » qu'ils ont choisi.

Comme pour la première étape, relisez le passage correspondant :

> *« Au-dessus de ma tête, j'aperçois les froides étoiles de la nuit et les étoiles du matin – et je vois le soleil. »*

Faites un tour de table pour la lecture de cette étape.

> De là où je suis, je vois un ciel usé, pâle, un monde rectangulaire, clair et paisible.

Étape 3 : qu'est-ce que je fais ? Parfois je fais ceci, parfois je fais cela *(5 **minutes**)*

Cette étape va conduire les écrivants à imaginer ce que fait le personnage ou la chose choisi.

Relisez le passage correspondant de Bradbury :

> *« Je ne bouge pas, je ne fais rien, qu'attendre. (…) Parfois je chante de vieux chants de ce monde au temps de ma jeunesse. (…) Parfois je tombe vers le fond comme des gouttes de pluie. Alors des toiles d'araignée tressaillent à la surface de l'eau. »*

Faites ensuite procéder au tour de table.

Parfois, je m'aplatis, doucement écrasé, et alors je m'emplis de la merveilleuse chaleur de la vie. Parfois, je me regonfle, je me dilate, je m'habite à nouveau, rendu à ma légèreté. Parfois, je me sens propulsé dans le froid, alors tous mes atomes s'ébrouent, se régénèrent.

Étape 4 : que suis-je ? *(3 minutes)*

Cette étape consiste à essayer de définir le « je » que chaque écrivant s'est choisi.

Attention, ne pas élucider qui on est, mais parler par périphrases, comparaisons, utiliser des adjectifs, comme dans le passage de Bradbury :

> *« Comment dire ce que je suis quand je l'ignore ? J'attends, c'est tout. Je suis brume, clair de lune, et souvenir. Je suis triste et je suis vieux. »*

À partir de cette étape (voire de la précédente), si vous sentez que les élèves sont bien lancés, ne faites plus faire de tour de table : le texte entier sera lu à la fin.

> Je suis nuage, je suis bienfait, réconfort, consolation. Je suis celui par qui la vie s'apaise, par qui les pensées deviennent songes, je protège les tendresses et les réconciliations. J'adoucis vos vies par ma constance, ma suavité, ma disponibilité.

Étape 5 : perspective d'avenir *(2 minutes)*

Cette dernière étape conduit les écrivants à envisager l'avenir, à ouvrir sur le futur.

> *« Un jour viendra où je n'attendrai plus… »*

> Un jour viendra, peut-être, où je me déliterai, où je changerai de lieu, ou de gens à bercer. Je n'y pense pas. Je suis tout à ceux qui m'entourent. Je vis dans une telle sécurité, dans une telle stabilité, ma légèreté est si solide, que je ne suis pas loin de me sentir éternel.

La lecture des travaux sera ludique, puisqu'il faudra deviner la nature du personnage qui s'exprime (dans l'exemple de production : « je » est un oreiller). Parfois la réponse sera évidente, mais parfois il faudra plusieurs tours de table, ou même que l'écrivant relise les passages qui lui semblent les plus signifiants.

En plus de cette dynamique de communication intéressante, cette lecture aura un caractère touchant, d'une part, parce que le parti pris de rester énigmatique donnera obligatoirement une allure poétique au texte et, d'autre part, parce que le « je » utilisé lui donnera un côté dramatisé, voire pathétique. On est presque malgré soi aspiré par une lecture symbolique du texte.

Là encore, il vous faudra faire preuve d'une grande subtilité à l'écoute des textes : montrez que vous ressentez l'écho de ce « je » qui s'exprime, puisque tout le monde est aspiré par la poésie du texte : chacun doit comprendre que le choix de l'être lui-même, et surtout la façon dont il ou elle le fait parler sont signifiants. Mais attention, il n'est surtout pas question d'enfermer le lecteur dans une interprétation psychologique réductrice. Il faut juste montrer que vous avez été à l'écoute de plusieurs niveaux de conscience et que vous y avez été sensible. À quoi cela renvoie exactement dans la vie de chacun ne vous regarde pas : c'est l'affaire de la relecture que chacun fera pour lui seul en rentrant chez lui.

Une nouvelle : rencontre de deux personnages de fiction

« Central Park West », Annie Saumont

Pour se lancer

Commençons cette fois avec un inventaire des choses que je ne sais pas.

> Je ne sais pas…
> Pourquoi je n'aime pas le vent
> Quand les manipulations génétiques donneront des dents aux poules
> Faire une béchamel sans aucun grumeau
> Jusqu'où tu m'aimerais
> Si les humains auront encore des orteils dans deux mille ans
> La taille (même approximative) du mystère de la foi
> Pourquoi on baille en voyant quelqu'un bailler.

À la manière de…

« Central Park West » est une courte nouvelle extraite du recueil *Les voilà, quel bonheur !* ; il s'agit de l'histoire assez banale d'une rencontre, amicale, amoureuse ou autre, à la seule lumière des détails que l'on a aimés, que l'on a détestés.

Demandez de trouver deux personnages protagonistes. Le plus souvent, on verra apparaître un homme et une femme, tant il est vrai que les histoires d'amour sont inépuisables, mais certains auront peut-être plutôt envie de raconter une autre rencontre : un enfant et une fourmi, une rose et une goutte de pluie, un couteau et une fourchette, le jour et la nuit, une balle et une raquette de tennis… Tous les possibles sont à explorer.

Demandez ensuite de décider *qui* des deux personnages on va incarner : faites souligner l'entité que l'on a choisi d'incarner.

Étape 1 : la toute première rencontre, le tout premier regard *(5 minutes)*

Faites faire l'inventaire des détails touchants de cette rencontre – et ils le sont tous – même ce qui, dans un autre contexte, ne serait pas nécessairement apparu. Lisez cet extrait de la nouvelle d'Annie Saumont pour commencer :

> *« Toi je t'aimais. Je t'aimais je t'aimais, je t'aimais. Toi et ta petite jupe orange, ton tee-shirt noir, tes socquettes blanches. Tes cheveux ébouriffés, des pendeloques accrochées aux mèches folles. Un chou de tulle rose te tombait sur l'oreille. Tu étais ce dimanche assise sur les marches de la fontaine Beteschda, tu te rongeais les ongles. (…) Je t'aimais je t'aimais. Ce jour-là, dans le soleil. Sur l'aile de l'ange s'était perchée une hirondelle. Un dimanche d'été. »*

Proposez de commencer le paragraphe comme l'a fait Annie Saumont : *« Toi, je t'aimais »*. Cela donne tout de suite une entrée dans un domaine sensible, qui ouvre ensuite beaucoup de portes inconscientes.

> <u>Le vent</u> et le Golfe du Morbihan.
> Toi je t'aimais.
> J'ai aimé ce retrait qui était le tien, cette façon de ne pas t'offrir à ma course. J'ai aimé ta couleur, j'ai aimé tes parfums. J'avais traversé tant et tant de contrées, de déserts, de dangers, avant de

te trouver ! Brisé tant de courants, soulevé tant de vagues ! J'étais gonflé de rage. Et puis je t'ai trouvé. Ou plutôt j'ai cru te trouver, car tu étais de l'autre côté d'une bulle de mer qui m'a ralenti, qui m'a épuisé. Tu étais le Golfe ! J'étais tombé dans un golfe ! Il m'a fallu t'approcher doucement. J'ai aimé cet apaisement, cette lassitude heureuse. J'ai aimé tes côtes humbles aux vagues timides, aux lumières incertaines. J'ai aimé te toucher, enfin, toucher terre, et puis me reposer.

Étape 2 : les moments forts de cette histoire, les plus belles choses vécues ensemble : « j'ai aimé lorsque… » *(10 **minutes**)*

J'ai aimé chaque fois que tu… J'ai aimé la façon dont nous… J'ai aimé les jours où… Ce temps d'écriture sera un peu plus long, puisqu'il est censé recouvrir toute la durée de l'histoire.

Et puis de toi, j'ai tout aimé. Cette façon de t'asseoir tranquillement autour de l'eau, de te protéger de moi. J'ai aimé caresser les aiguilles de tes pins, j'ai aimé chuchoter au lieu de hurler, j'ai aimé ce respect auquel tu me forçais. J'ai aimé que tu tiennes à tes fleurs, à ta douceur de l'air. Tu m'accueillais sans me heurter. J'ai aimé les matins tièdes que je ne refroidissais pas, j'ai aimé tes soirées et j'ai aimé tes nuits. J'ai tellement aimé me dire que j'avais fini d'errer. J'ai aimé tes secrets, aussi, cette façon de ne pas tout donner. Tes endroits inaccessibles, totalement abrités. Je n'étais plus le fou furieux qui détruisait tout, j'étais devenu brise, douceur, respect.

Étape 3 : les moments rudes de cette histoire, les événements les plus douloureux : « j'ai détesté lorsque… » *(5 **minutes**)*

Tout ce qui a pu détonner dans cette histoire, les aspects de toi en inadéquation avec mon histoire, les choses, les gens, les circonstances qui nous ont séparés, momentanément ou définitivement, les étapes de notre séparation, etc.

Pourtant j'ai détesté, tu sais, avoir autant de mal à te saisir, à te cerner, à te trouver. J'ai détesté ne pas te bouleverser, détesté ces défenses qui m'amenuisaient. Je t'ai parfois détesté pour les mêmes raisons que celles qui me faisaient t'aimer. J'ai détesté cette façon que tu avais de protéger tes criques, tes sous-bois, tes jardins, de me dérober tes parterres et de ne m'offrir que tes promontoires de granit, tes créneaux. Comme si tu ne voulais que me briser, que m'éparpiller. J'ai surtout détesté te détester quand j'avais tant envie de t'aimer et d'habiter tes moindres recoins. Tu es resté stoïque. L'espace de ton havre d'eau plate te protégeait de moi.

Étape 4 : que reste-t-il de ces amours ? « Maintenant, quand j'y repense, je me dis… » *(5 minutes)*

Sommes-nous séparés, ou bien toujours ensemble ? Que me reste-t-il de tout cela ?

Aujourd'hui je me suis assagi. J'ai cessé de m'épuiser à percer tes secrets. Surtout, aujourd'hui, j'ai compris que tu avais besoin de moi. Aujourd'hui, je sais qu'il suffit que j'arrive pour balayer tous tes nuages et te rendre le visage radieux que j'aime tant. J'aime vivre comme tu m'as appris à le faire, sans drame et sans tempête. J'aime ma liberté et j'aime ta solidité. J'aime savoir que nous ne sommes pas prisonniers l'un de l'autre. J'ai compris que tu avais eu aussi peur de ma légèreté que moi de ta dureté. Nous étions faits pour nous résister, nos différences nous ont rendus tels que nous sommes, terre de vent et vent de terre, différents et unis.

Tous les choix sont possibles. Quels que soient les protagonistes qu'on aura choisis, notre vie racontera ce qu'elle a absolument besoin de raconter sur l'instant ! Voici un autre exemple de production :

Le mot et la ligne
Toi je t'aimais. Je t'aimais. Toi, si droit. Si longiligne. Si fin. J'ai aimé me préparer, t'approcher. Je savais que c'était toi qui étais choisi. C'était ton tour, c'était le mien. Oui, je t'ai aimé avant même de te toucher, avant même de me poser sur toi. Tu étais irréprochable.
J'ai aimé alors, oh comme j'ai aimé rester un instant suspendu au-dessus de toi. Puis j'ai aimé me caler juste au bon endroit, en ton début. J'ai aimé tenir juste entre ces deux traits, celui du des-

54

sous délicatement forci. J'ai aimé la justesse de notre union. Tu me donnais une base, un socle, pour que je me tienne bien droit, je te donnais une raison d'être. De vide tu devenais plein, de nu tu devenais habité, de froid, tu devenais animé. J'ai tant aimé te donner ma vie ! Je m'étirais longuement, longuement, presque jusqu'à ta moitié, j'étais un des plus longs mots de la langue française : immanquablement. Et comme je me suis aimé, moi, grâce à toi !

Mais j'ai pourtant détesté mon t. Oui, ce grand espace vide devant moi, que j'étais incapable de remplir. Il te faudrait d'autres mots ! Pourtant, tu as juste mis un point après moi. Je resterais seul et bien seul. Devant moi, ta longueur s'étendait, si droite, si froide, je ne pouvais lui donner plus de vie. J'ai détesté sentir cette limite. Je te restais acquis. Une fois écrit sur toi, je ne pouvais me répéter. J'ai détesté penser que nous allions finir nos jours dans cette demi-union. Moi, tout à toi, toi, juste à moitié. Ton espace vide me glaçait.

Aujourd'hui quand j'y pense, je me demande comment j'ai pu autant me désespérer. Oui, le reste de la page s'est écrit, et moi seule je suis restée au large, avec ce grand espace pour respirer devant moi. Ce vide qui me blessait tant autrefois était devenu ma chance. C'était nécessaire à l'histoire. Vois quel couple magnifique nous formons : toi et moi, sans le savoir, nous avons créé un paragraphe !

Et du coup, j'ai pris un poids inespéré ! Qu'il est doux d'être le dernier mot !

Vous le voyez : quel que soit le choix de vos protagonistes, votre vie dira exactement ce qu'elle a besoin de dire. Il n'est donc pas nécessaire de chercher son idée trop longtemps : prenez la première idée qui vous vient à l'esprit.

Le moment de la lecture va être un grand moment.

Avec cette contrainte ludique, puisqu'on a eu l'impression de s'amuser en narrant les amours d'un couteau et d'une fourchette, du pied et de la chaussette, du vent et de la mer, de la cigale et la fourmi, etc., on a écrit de véritables petits bijoux qui nous étonnent par leur profondeur. Amusez-vous à oublier les deux personnages de départ lors de la dernière écoute du texte entier : vous serez saisi par la cohérence psychologique du déroulement.

À travers tous ces textes, chacun, sans même s'en rendre compte, nous a livré sa vision du couple, de l'amour, sa problématique intime, la façon dont se rencontrent en lui les deux polarités, masculine et féminine. Bien sûr, tout cela se fera dans la légèreté, dans le rire, mais il n'empêche que chacun, dans son for intérieur, est capable de savoir jusqu'où cet écrit plante ses racines. On aura toujours le choix du degré de lecture, premier ou second, direct ou métaphorique, ce qui importe n'est pas l'interprétation, pas question de faire de la psychologie simplifiée, mais ce qui parvient à se dire. Et là, aucune inquiétude à avoir, le « soi » profond – ou le subconscient – sait très bien ce qu'il fait. Dans ce texte ludique, il exprime exactement ce qu'il a besoin d'exprimer à ce moment donné.

Les personnes sont à la fois chamboulées et ravies après la lecture. Il leur semble toujours qu'elles viennent de dévoiler quelque chose de très important pour elles, mais elles sont seules à savoir quoi exactement. On est ici dans la dimension la plus réparatrice de l'écriture : grâce aux autres, grâce au jeu, on a pu soulager une tension très forte de sa vie personnelle, sans se trouver à aucun moment en danger ni à découvert, puisqu'on est dans la fiction, puisqu'on n'a rien « déballé » de sa vie intime. On s'inscrit seulement avec les autres dans cet accord tacite, cette certitude que nous nous sommes mutuellement permis d'accéder aux couches profondes de notre vie, sans coup férir. En accompagnant les autres, on s'est senti accompagné. Se découvrir seul, oui, mais ensemble. Un même cœur dans des vies différentes. C'est parfois un premier pas hors de la solitude ontologique.

Mais c'est à vous, animateur, de donner cette tonalité au moment de la lecture : vous devez montrer sans l'expliciter toute la profondeur de votre compréhension : les choses qui se disent sont drôles et graves à la fois.

Écrire : approfondir sa relation avec sa propre vie, entrer dans l'univers symbolique

Le travail des douze dernières séances a permis de débroussailler le chemin, de « déterrer sa voix », selon la très belle expression de Charles Juliet dans son recueil

« *Il fait un temps de poème* ».

Le cycle suivant va emprunter la même trajectoire, du traitement autobiographique à la fiction, avec un degré de plus dans la profondeur.

> « *Écrire pour surmonter mes inhibitions, me dégager de mes entraves.*
> *Écrire pour déterrer ma voix.*
> *Écrire pour me clarifier, me mettre en ordre, m'unifier.*
> *(…)*
> *Écrire pour conquérir ce qui m'a été donné.*
> *(…)*
> *Écrire pour devenir toujours plus conscient de ce que je suis, de ce que je vis.*
> *Écrire pour tenter de voir plus loin que mon regard ne porte.*
> *(…)*

Écrire pour faire droit à l'instance morale qui m'habite.
(…)
Écrire pour affiner et aiguiser mes perceptions.
(…)
Écrire pour agrandir mon espace intérieur. M'y mouvoir avec toujours plus de liberté.
Écrire pour produire la lumière dont j'ai besoin.
Écrire pour m'inventer, me créer, me faire exister.
(…)
Écrire pour devenir plus fluide. Pour apprendre à mourir au terme de chaque instant. Pour faire que la mort devienne une compagne de chaque jour.
Écrire pour donner sens à ma vie. Pour éviter qu'elle ne demeure comme une terre en friche.
(…)
Écrire pour mieux vivre. Mieux participer à la vie. Apprendre à mieux aimer.
Écrire pour que me soient donnés ces instants de félicité où le temps se fracture, et où, enfoui dans la source, j'accède à l'intemporel, l'impérissable, le sans-limite[1]. »

---

1. Cet extrait est tiré du texte intitulé « Écrire », publié dans l'anthologie *Il fait un temps de poème* qu'a composée Yvon Le Men pour les éditions Filigranes en 1996, reproduit ici avec son aimable autorisation.

Galerie de portraits

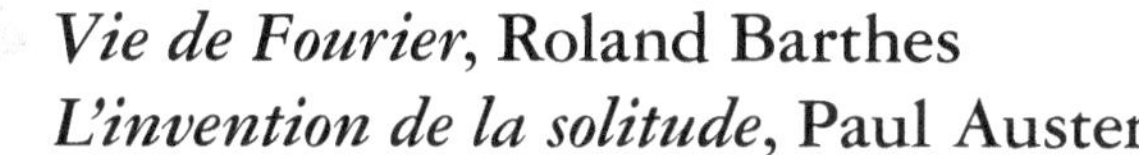

Vie de Fourier, Roland Barthes
L'invention de la solitude, Paul Auster

Il va s'agir, dans cette activité, de laisser sa mémoire passer sur tous les visages de ceux qui ont traversé notre vie – parents, maîtres, camarades, etc. Ceux qui y ont joué un rôle essentiel, et ceux qui n'ont fait que passer. Ceux que l'on aime encore, et ceux dont on se souvient à peine. Là encore, n'établir aucun tri, laisser venir exactement les images dans l'ordre où elles arrivent, et ne pas s'y appesantir. Utiliser sa mémoire comme un phare, qui, en tournant, viendrait frapper tous ces visages de sa lumière, un par un.

Pour se lancer

Désignez, sans les nommer, un de vos proches en utilisant la formulation « celui qui » ou « celle qui » et en lui adjoignant le tout premier détail qui vous viendra en tête à son sujet, même si ce n'est pas le plus important *(8 minutes)*.

Par exemple, si vous pensez à votre sœur, dont vous savez une foule de choses, mais que le premier détail qui vous revient en mémoire est qu'elle n'aime pas le fromage, vous écrirez : « Celle qui n'aimait pas le fromage », même si ce détail ne revêt aucune importance pour qualifier votre sœur.

Ce réflexe d'accueillir tout ce qui vient revêt une importance capitale dans le développement de l'intuition et des facultés créatrices en général, ainsi que dans la restauration de l'estime de soi.

Suggérez de faire ces évocations au passé : ainsi ces personnes réelles auront plus de facilité à devenir des personnages.

> Celui qui savait arriver juste pour les dernières minutes d'une réunion.
> Celui dont les yeux avaient tant éclairci à force de regarder la mer.
> Celle qui tombait amoureuse comme on éternue.
> Celui qui avait les mots qui ouvrent.
> Celle qui souriait presque tout le temps.
> Celle qui ne pouvait s'empêcher de materner tout le monde.
> Celui qui portait toujours une écharpe comme le Petit Prince.
> Celle qui chantait avec une voix un peu traînante comme dans les faubourgs avant-guerre.
> Celui qui ne voulait pas penser.

Avant de procéder au tour de lecture, demandez à chacun de nommer une personne présente autour de la table. Celle-ci aura en charge de choisir un des personnages parmi la liste qu'elle viendra d'écouter, à son gré, parce qu'il/elle aura éveillé sa curiosité ou pour toute autre raison. Le lecteur se contentera alors de cocher ce personnage pour une activité ultérieure, car le choix qui aura été fait l'aura été pour lui et non pour celui qui a choisi.

Ce premier travail permet déjà d'initier une communication très agréable, toujours basée sur le rapport expression brève/résonance longue. En effet, on dira peu de mots, et des mots qui n'auront pas de signification bien précise pour les autres, mais qui seront chargés pour nous de tout un passé intime. Par exemple, si je dis « Celui qui roulait les r », cela ne constitue pas un déballage intime, mais en disant ces mots, je délivre tout un passé lié à la personne de mon grand-père : même sans rien dévoiler vraiment, les mots contiennent mon histoire. Ainsi, sans se découvrir ni se mettre en danger, prendra-t-on parmi ses pairs une place grâce à laquelle on se sentira profondément soi-même, ce qui est le moteur le plus puissant qui puisse nous animer.

Le biographème

Le biographème est un trait court et léger, qui donne à voir un détail ténu du personnage : goûts, gestes, manies, humeurs. Ils le dessinent en traits discontinus. Les informations ne sont pas classées selon leur importance, mais selon l'ordre aléatoire avec lequel ils se seront présentés à la mémoire du scripteur. Elles rappellent des moments intenses ou anodins qui nous touchent dans sa vie. L'esprit est le même que celui qui a mené l'exercice « Je me souviens » : on n'écarte rien, on colle au plus près de la vie.

Le créateur de la notion, Roland Barthes, en a consacré une série à Fourier :

> « *Sa vieillesse : il s'entoure de chats et de fleurs.*
>
> *Sa concierge le trouva mort, en redingote, à genoux au milieu de ses pots de fleurs.* »

Paul Auster en écrit aussi de très beaux à la mémoire de son père dans *L'invention de la solitude* :

> « *Ces images minuscules, inaltérables, logées dans la vase de la mémoire, ni enfouies, ni totalement récupérables. Et pourtant chacune d'elles est une résurrection éphémère, un instant qui échappe à la disparition.*
>
> *Sa façon de marcher, par exemple, en un curieux équilibre, rebondissant, comme s'il s'apprêtait à plonger en avant dans l'inconnu.*
>
> *Sa façon de se tenir à table quand il mangeait, le dos arrondi, les épaules raides, consommant la nourriture, ne la savourant jamais.*
>
> *Son goût pour la peau qui se forme sur le chocolat chaud.*
>
> *(…)*

Sa manière de fléchir parfois les genoux en marchant.
Il n'avait jamais peur des chiens. »

À la manière de...

Il va donc s'agir d'écrire une série de biographèmes au sujet du personnage choisi par son pair à l'issue de la précédente lecture. Bien évidemment – il faut le préciser – il ne s'agit que d'un jeu dont on peut toujours changer les règles si elles nous mettent dans une situation inconfortable : si on n'a vraiment pas envie de parler de cette personne mais au contraire qu'on souhaite en évoquer une autre, il faut s'en donner la possibilité.

Elle avait été très fière un jour d'avoir utilisé ses anciens cours de chimie pour résorber une tache rebelle sur la cuisinière.
Elle était habile de ses mains à force d'efforts, non par talent naturel et se débrouillait toujours très mal des appareils électriques.
Elle n'aurait voulu que deux enfants et n'en a que plus aimé le troisième.
Elle ne portait ni collier ni bracelet mais elle aimait bien les boucles d'oreilles.
Quand elle commençait quelque chose, elle le finissait toujours.
Parfois sa langue fourchait et elle inventait des mots. Un jour, elle m'avait appelé « ma courette ».
Sa façon de plier légèrement la jambe avant d'enclencher un pas plus rapide.
L'été, elle portait des robes fleuries.
Elle ne supportait pas qu'on touche sa cicatrice au-dessus du genou. « Ça me porte au cœur », disait-elle.
Elle soulignait le dessin parfait de sa lèvre supérieure avec un rouge vermillon orangé.
Un jour sur deux, elle « mettait les lits » à la fenêtre, un jour le sien, le lendemain celui de ses enfants, draps et couvertures secoués et offerts au bon air froid.
Elle tricotait sans regarder ses doigts.
Elle avait sur la poitrine un joli grain de beauté couleur framboise.
Très spartiate pour elle-même, elle avait pour autrui un sens du confort poussé à un haut degré de perfection.

Pour nettoyer le grand miroir de l'entrée, elle soufflait dessus la bouche ouverte avant de le frotter énergiquement.
Elle écoutait toujours de tout son cœur, en ponctuant son écoute d'une salve de «Voui, voui, voui, voui».

Les séries de biographèmes donnent une telle vie au personnage qu'il arrive là aussi, fréquemment, que l'émotion brise un peu les voix. Mais jamais personne ne se sentira gêné ou vulnérable si vous savez accueillir cette émotion avec assez de naturel et de chaleur.

Échos biographiques

 « Inventaire », Renaud Camus

Cette séance va s'appuyer sur la pratique du biographème précédemment explorée. Chacun va commencer par écrire un seul biographème à son propre sujet, tout en utilisant la troisième personne du singulier et le temps passé afin de ménager une distance nécessaire.

Lisez cet extrait du texte de Renaud Camus pour commencer la séance :

> *« Qu'il aimait beaucoup le vin de Morgon.*
>
> *Qu'il était toujours à l'affût de nouvelles adresses, de restaurant en particulier, et qu'il était toujours convaincu que tel produit, d'alimentation de luxe surtout, devait absolument provenir de telle maison déterminée.*
>
> *Qu'au téléphone, il était plutôt expéditif.*
>
> *Qu'il était souvent en avance, et qu'il baguenaudait alors aux alentours du lieu convenu, avec un air de très grand ennui. »*

 À la manière de…

L'exercice pourrait sembler narcissique à première vue mais il permet en vérité d'adopter une attitude exactement inverse : considérer cette personne qui est soi avec indulgence, bienveillance, humour et légèreté. Le pas de recul permis par l'écriture légère du biographème constitue déjà à lui seul une jolie petite libération : être capable de rire ou de sourire de soi-même court-circuite les orgueilleuses tendances à l'autodénigrement.

> La première fois qu'elle avait vu la Bretagne, elle avait cru être sortie du monde des vivants tant ces couleurs lui semblaient improbables.

La deuxième étape va se faire en écho à l'écoute de chaque biographème. Il s'agira d'écouter attentivement le biographème du participant et de choisir un aspect de la phrase sur lequel on va pivoter pour écrire à son tour un autre biographème à son propre sujet, en résonance au thème choisi.

Par exemple, si on vient d'écouter le biographème : *« La première fois qu'elle avait vu la Bretagne, elle avait cru être sortie du monde des vivants tant ces couleurs lui semblaient improbables »*, on pourra choisir de rebondir sur l'idée de la première fois, ou bien sur celle de la Bretagne, ou bien sur l'idée que l'on se fait de la mort – sortir du monde des vivants – ou bien encore sur l'idée des couleurs.

Faites écouter et écrire en écho une personne avant de procéder au tour de lecture, puis si tout le monde a bien compris, faites lire puis écrire en écho trois personnes, puis le reste du groupe.

> La première fois qu'elle avait vu la Bretagne, elle avait cru être sortie du monde des vivants tant ces couleurs lui semblaient improbables.

Participant 2 :

> La première fois qu'elle l'avait vu, elle avait trouvé qu'il ressemblait à son père.

(a rebondi sur « la première fois »)

Participant 3 :

> Il avait pensé à la mort une fois, quand il était tout petit dans son lit. Il avait pleuré toutes les larmes de son corps. Depuis, plus jamais.

(a rebondi sur « sorti du monde des vivants »)

Participant 4 :

> Son grand-père bretonnant disait : « Il ne faut pas parler le breton ! Il vaut mieux être pendu à l'aube que de parler cette langue ! »

(a rebondi sur « la Bretagne »)

Participant 5 :

> Ce qui lui paraissait le plus improbable, c'est que quelqu'un pût l'écouter plus de trois minutes.

(a rebondi sur « improbable »)

Participant 6 :

> Quand elle était petite, elle mangeait les tubes de couleur tant elle les trouvait belles.

(a rebondi sur « les couleurs »)

Cet exercice est un véritable bonheur. Pour celui qui vient de donner sa phrase et entend toutes celles qu'il aura suscitées, c'est la joie d'écouter l'écho de son histoire démultiplié et intégré de différentes manières dans chacune des sensibilités. Pour ceux qui écrivent en écho au biographème qu'ils viennent d'entendre, c'est la joie d'être guidé, de picorer des miettes de souvenir ou d'autoanalyse dans leur propre biographie. La conjonction de ces deux mouvements de liberté identitaire permet au groupe de vivre une communication pleine, souple et fluide éminemment réconciliatrice. Les éclats de rire alternent avec les moments d'émotion, on se sent profondément heureux d'être humain !

Nos émotions

Monsieur Malaussène, Daniel Pennac

Cette séance va permettre de se situer par rapport aux autres à partir d'une même situation. Sans s'identifier absolument au personnage que nous mettons en scène, il sera intéressant et amusant de voir où se porte notre réaction première.

Avant toute chose, lisez le texte suivant extrait de *Monsieur Malaussène* de Daniel Pennac. Dans cet extrait savoureux, l'auteur dresse une sorte de catalogue de situations mettant en scène un sentiment : l'espoir, l'espoir fou.

> *« Tu rentres chez toi, ton amour n'y est plus depuis dix ans. Partie avec ton cœur, tes meubles, ta moquette et ton meilleur ami. Il y a dix ans de ça. Pendant les quatre premières années, tu prenais chaque soir un bain de pied dans tes larmes. Et puis le temps... Et puis dix ans... (...) Tu rentres ce soir-là dans un chez-toi remis à neuf par une autre. Bonjour, ma chérie, bonjour, mon amour. Apéro tranquille, dîner peinard. Mais voilà qu'on sonne à la porte. Ton cœur bondit dans ta soupe, tu ne peux pas le retenir (...) Et si c'était elle ! Et si c'était elle ! L'espoir !*
>
> *Tu te retrouves devant une cour d'assise chargé de vingt et un chefs d'accusation... »*

À la manière de…

Proposez à chacun d'inventer une phrase d'accroche, un peu dans le genre de : « *Tu entres chez toi, ton amour n'y est plus depuis dix ans* », en utilisant le « tu » d'identification comme le fait Pennac et, si possible, en allant chercher une situation plus ou moins liée à son quotidien.

> Tu regardes par la fenêtre, il y a un éclat de soleil. Beau à ne pas croire.
> Tu entres dans ta chambre. Elle a encore une fois tout rangé.
> Cela fait la troisième fois que tu passes dans cette rue. Tu tournes en rond et, c'est sûr, tu vas être en retard à cet entretien.

À partir de là, un participant va donner sa phrase, par exemple :

> Tu pousses la porte.

Chacun va s'en saisir et la prolonger par le paragraphe qu'il imagine spontanément à la suite de cette phrase. Il pourra terminer en essayant de nommer l'émotion qu'il vient de mettre en scène.

> **Tu pousses la porte.** Il est endormi, profondément, calmement. Il y a un rayon de lune sur le plancher. Tu t'approches du berceau. Tu ne regrettes plus ton sommeil ni tes rêves. La réalité est bien plus belle. Tu retournes te coucher, les pieds tout froids et le cœur plein. Tu sais que tu vas avoir du mal à te rendormir. Le bonheur, ça fait ça, parfois.
> Émotion : plénitude.

Ou bien :

> **Tu pousses la porte.** Il est onze heures du soir. Tu es tellement en retard qu'on ne peut presque plus parler de retard. La pièce est vide. Ils sont montés se coucher. Tu te sens pétrifié, comme dans un cauchemar où on se demande par quel affreux prodige on a pu se conduire aussi mal.
> Émotion : honte.

Cela signifie que tout le groupe écrira à partir de chacune des phrases d'accroche. Avec le temps de lecture et d'échanges pour chercher à nommer exactement l'émotion, l'activité aura bien besoin de deux heures pour se dérouler.

Voici un autre exemple de production :

> **Tu regardes par la fenêtre**, il y a un éclat de soleil. Beau à ne pas croire. D'un seul coup, plus rien n'existe que ton envie d'air et de lumière. Le soleil est là, tu lâches tout, tu vas aller le boire à petites gorgées, et ne faire que ça. Tous les plans de la journée viennent de se retourner. Dans une heure, ce sera peut-être fini. Il faut faire vite. Rester disponible, sinon on rate tout. Te voilà dehors. Plus rien d'autre en vue.
>
> Sentiment : urgence.

La diversité des réactions est toujours très drôle, et généralement édifiante pour celui qui a proposé une phrase d'accroche : à la situation qui lui est familière, il y a un grand nombre de réactions possibles. Côtoyer la réaction des autres permet de s'approprier encore plus la sienne et, en même temps, de garder à son propre égard une distance amusée.

Cette activité permet aussi de dresser une sorte de dictionnaire des émotions, où la situation servira de définition, puisqu'il n'est pas possible de définir une situation autrement, à moins d'avoir recours à un synonyme. Elle aura donc le mérite de donner à un public adolescent les mots qui lui font défaut et rendent parfois une émotion d'autant plus angoissante qu'on ne peut l'identifier.

Enfin, vous pouvez demander à chacun de lire la liste des émotions qu'il vient de mettre en scène (ici : plénitude, honte, urgence...). La lire à voix haute, simplement, peut permettre de prendre conscience de la place qu'ont ces émotions dans notre quotidien.

Inventaire de situations autour d'une émotion choisie

 *L'Homme-sœur*, Patrick Lapeyre

Pour se lancer

Trois ou quatre personnes proposent des débuts de phrase que tous les autres vont compléter sans réfléchir.

> Si j'osais, je…
> Comme il l'avait promis, il…
> Ce qui m'exalte le plus dans ce pays, c'est…

Une émotion

Cette séance va rester sur la résonance de la précédente, puisqu'il va s'agir d'emprunter le chemin inverse : partir de l'émotion elle-même et tracer une constellation de situations familières capables de la générer.

Le texte d'inspiration à proposer est extrait de *L'Homme-sœur* de Patrick Lapeyre.

Il s'agit d'un catalogue de situations propres à générer un sentiment précis chez le personnage : celui de la présence de l'aimée, lors même qu'elle vit à des milliers de kilomètres.

> « (…) *une présence ne se convoque pas, pas plus qu'une émotion. Elle vient, au contraire, quand on s'y attend le moins.*
> (…) *Quand il erre le soir dans tout le quartier à la recherche d'un tabac ouvert et qu'il tombe en arrêt devant une paire de vélos appuyés*

à un grillage et que le ciel paraît soudain tellement clair à travers le grillage. (…)

Quand il croise une troupe d'étudiantes à la sortie de leurs cours, et que, l'espace d'un instant, il ne sait plus quel âge il a, c'est toujours elle qui passe à côté de lui. »

À la manière de...

Après lecture du texte, demandez à chacun de relire la liste des émotions qu'il a dressée au cours de la séance précédente ; à défaut, demandez aux participants de dresser une liste de sentiments ou d'émotions familières, pour eux-mêmes, et d'en choisir un qu'ils nommeront au cours d'un premier tour de table.

Il va s'agir ensuite de dessiner à grands traits une série de situations qui, pour lui, génère ce sentiment ou cette émotion. Comme l'auteur de *L'Homme-sœur*, il pourra commencer chacun de ses paragraphes par : « Quand… ».

> Sentiment d'urgence
> Quand elle court au bord de l'eau, que la mer est calme, limpide, transparente, qu'elle sent l'odeur de l'eau et qu'elle aimerait presque la respirer. Et qu'elle ne peut s'empêcher d'aller s'y plonger.
> Quand le lendemain le travail reprendra, qu'il ne reste que quelques heures de liberté, quand elle voudrait tellement qu'elles durent qu'elle n'en fait rien, juste pour les regarder passer.
> Quand il arrive, le grand, son petit, qu'il lui dit : «Alors, quoi de beau ?» et qu'elle a envie de lui répondre : tout ! Tout est beau puisque c'est toi, mon fils, qui m'en demandes des nouvelles !
> Quand elle écoute la tonalité du téléphone juste avant qu'il ne décroche, ce père déjà âgé, et qu'elle savoure sa certitude qu'il est encore là pour lui répondre dès qu'elle l'appelle.

Cette activité a le mérite de provoquer une profonde introspection et de permettre le partage de cette introspection sur un mode de simplicité qui permet instantanément d'englober, de maîtriser cette émotion.

Votre attitude doit donner confiance et sécurité lors de cette lecture souvent émouvante. Le secret se trouve dans le juste dosage entre légèreté, humour et profondeur.

La première fois...

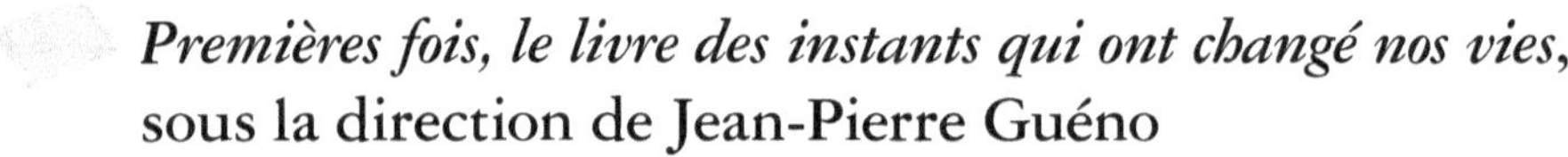

Premières fois, le livre des instants qui ont changé nos vies, **sous la direction de Jean-Pierre Guéno**

Il y a quelques années, Radio France avait lancé un appel à textes, témoignages, productions autour de ce thème : la première fois...

Les productions ont été publiées dans la collection Librio. Les textes, très touchants pour la plupart, ont été groupés sous plusieurs rubriques : blessures, fêlures, rencontres...

C'est l'un d'entre eux qui m'a donné l'idée de l'atelier qui va suivre.

Pour se lancer

Commencez par proposer une séance d'écriture interactive.

Chacun écrit le début d'une phrase qui commence par : «La première fois que... », à partir, si possible, de sa propre expérience.

> La première fois que je suis allée à l'école...
> La première fois que je l'ai vu...
> La première fois qu'on m'a menti...

Au cours d'un premier tour de table, chacun donne son début de phrase, et les participants la complètent à leur façon. Au bout de l'exercice, chacun se retrouve avec autant de phrases qu'il y a de participants. C'est parmi ces phrases que l'on va choisir le thème de son texte.

La première fois que j'ai assisté à un enterrement, je n'ai pas été triste.

Vous allez ensuite lire le texte ci-dessous, extrait du recueil *Premières fois, le livre des instants qui ont changé nos vies.*

« Si on me parle de calme et de silence, je ne peux m'empêcher de repartir en cette matinée de printemps en Île-de-France, une matinée de dimanche dans un village d'il y a un certain temps, où personne ne travaille, toutes les activités sont arrêtées sauf celles des mères qui préparent le repas dominical. (…)

Si on me parle de simplicité de vie, de rusticité même, je suis immédiatement transporté dans la cuisine où ma mère officie, sérieuse et appliquée, devant sa cuisinière bois et charbon. (…)

Si on me parle de quiétude familiale, je revois aussitôt cette cuisine en ce dimanche de printemps ; déjà le store était installé devant la porte et le soleil n'entrait que filtré par les perles scintillantes. (…) »

Le texte se continue sur ce ton, jusqu'au moment de l'annonce de l'arrivée de l'armée allemande : toute la famille grimpe à la hâte dans la Citroën à moteur flottant… En ce dimanche de 1940, l'exode commençait pour eux, dans « la confusion, les pleurs, les mitraillages », l'enfance se terminait pour Maurice, l'auteur. Il avait cinq ans.

À la manière de…

À partir de la phrase qu'on aura choisie auparavant (dans notre exemple : « La première fois que j'ai assisté à un enterrement, je n'ai pas été triste »), on va essayer de trouver quatre substantifs qui peuvent qualifier l'instant, ou qui peuvent se rapporter à l'atmosphère de cet instant. Dans notre exemple, toujours, ce pourrait être : chants d'oiseaux, solennité, sérénité, douceur, chagrin.

Il ne restera plus alors qu'à se mouler sur la forme du texte extrait des *Premières fois* lu en début de séance, et faire de chacun de ces termes la tête d'un paragraphe.

> Si on me parle de chants d'oiseau, je suis souvent porté vers cette radieuse matinée de printemps, où, dans un petit cimetière à flan de colline, on enterrait mon grand-père. Sans prêtre et sans prières. Sans croix et sans cantiques.
>
> Si on me parle de solennité, il me revient ces instants figés où la brise faisait trembloter les drapeaux des anciens maquisards, où des voix vieillies et majestueuses, s'élevaient une par une pour prononcer des mots d'un autre temps, qui parlaient de courage, de héros et de luttes acharnées.
>
> Si on me parle de sérénité, je revois nos visages émus. C'était une chose toute simple que cet adieu sans désespoir ni décorum. Il semblait que la mort fût venue s'asseoir là, par terre, sans faire de façon, savourant comme nous ce matin de printemps.
>
> Si on me parle de douceur, je retrouve cette tristesse sans révolte, ce sentiment d'accomplissement. Je sens à nouveau mes cheveux se soulever à peine dans ce souffle d'air parfumé, ma vue un peu brouillée et le plaisir d'être là, debout, bien plantée, comme un arbre.
>
> Si on me parle de chagrin, je pense à cet instant où la vie était plus grande que lui, où elle le berçait, et où elle répondait fermement de la mort.

La nouvelle de récurrence

 ***Les voilà, quel bonheur !*, Annie Saumont**

Présentez la nouvelle d'Annie Saumont, *Les voilà, quel bonheur !*, fondée sur la récurrence d'une expression, de ces phrases que l'on dit mille fois dans une vie, à propos de mille situations différentes. Pour elle, c'est : *« Les voilà, quel bonheur ! »*

Étape 1 : recherche *(5 minutes)*

Il s'agit de faire une liste de toutes ces phrases qu'on dit souvent, sans y penser, de ces phrases anodines qui contiennent un monde, une paillette de vie, un rite.

> Dépêche-toi, ça va être froid.
> Demain, il fera jour…

Les mères disent toutes de ces petites phrases qui prennent place dans la genèse de leurs enfants.

Annie Saumont rebondit sur une phrase de ce type pour évoquer toutes sortes de choses, comme les journées ensoleillées par exemple :

> *Les voilà quel bonheur ! Les jours de soleil. Le portail de l'école se referme. Les cousins vont demain débarquer des carrioles. Les cousins qui partageront nos jeux et ces travaux d'été qui partagés seront des jeux. Les cousines au regard malicieux et tendre.*

À la manière de...

Étape 2 : rédaction *(10 minutes)*

Chacun choisit une de ces petites phrases – trouvée par lui ou par un autre – et y adjoint une situation. L'opération est recommencée cinq à six fois.

Puis chacun va adjoindre à la situation la réflexion qu'elle lui inspire.

> Les voilà, quel bonheur ! Je parle d'un village où la vie était simple et tranquille. C'est ce qu'on disait alors. Moi j'étais petit. On pensait aussi qu'il n'y avait pas de raison pour que cela finisse. Et puis.

Étape 3 : composition *(10 minutes)*

Mises bout à bout dans un ordre réfléchi, ces miniscènes formeront un tout cohérent, une courte nouvelle où la petite phrase toujours répétée prendra une résonance de plus en plus forte. Après une relecture du tout, chacun cherchera une réflexion finale, une recherche de ce que ces bribes ont à nous dire.

Dans l'exemple de production suivant, la phrase d'amorce choisie est : « Tu verras ! »

> Tu verras !
> Comme elle dit, ma grand-mère.
> Ça viendra tout seul. Ça s'apprend vite. Elle est en train de piquer un ourlet à petits points. Le soleil traverse la vitre de la cuisine et vient se coucher entre ses mains. C'est difficile je dis. Je saurai pas. Mais elle promet. Je n'aurai qu'à regarder, ça se fera tout seul. Et je serai devenue grande. Et je saurai coudre. Je la crois. Avec une grand-mère comme elle, si tiède, si ronde, on croit toujours au miracle.
> Tu verras ! Tu verras, tiens !
> Si tu revois pas tes maths pour demain. Si tu fais pas les exercices. Si tu fuis cette cuisine embuée pour partir dans les bois. Si tu sors du cadre. Si tu fais pas bon genre. Si on te prend pour une... Tu

verras ! La loi, elle est dure, hérissée. Mère haute, définitive. Tu verras ! Tu verras quoi ? Même pas la peine de le dire tant ce sera terrible. Tu verras ! Pire des pires ! J'ai envie de savoir, pourtant. J'ai envie de ne pas te croire, Maman, quand tu dis tu verras. Il y a donc un envers à la médaille ? Un envers de chaos où il faut se garder, se défendre pour n'être pas mangé ?

Tu verras !

Bien sûr que je verrai. Puisqu'elle le dit. Puisqu'elle est sûre. Parce que moi, pour l'instant, je ne vois rien du tout. Je ne sais plus rien du tout. Je voudrais descendre du manège et m'asseoir quelque part où il n'y a pas de vent. Mais elle, l'amie, elle dit ces mots sans trop savoir peut-être ce qu'ils disent. Tu verras. Alors, c'est ça. Quelque chose en moi sait déjà ce que je verrai. Et elle, l'amie, elle connaît déjà la nouvelle. Elle lit sur mon visage ce que je ne peux y voir. Tu verras tu verras. Je m'apaise. C'est joli ce que tu dis. Ça brille dans le noir, ça scintille dans le gris, c'est doux et élastique. C'est l'espoir ! Le merveilleux espoir !

Tu verras !

Des rivières de lait et de miel. Un pays merveilleux où le ciel est lavande du début à la fin de l'année. Où l'air a un goût sucré. Où les fruits te mûrissent d'eux-mêmes dans la main. Tu verras. Comme tout est magnifique et facile et tout donné d'avance. Il suffit de partir, d'oser lever les voiles. Tu verras. Tu penseras que tu as bien trop tardé. Tout le monde t'attend là-bas. Comment ça s'appelle, ce pays ? Ça s'appelle ailleurs. Tu verras comme c'est beau.

Forcément que derrière le rideau il y a un décor. On prend beaucoup de temps pour aller voir derrière, alors que ce qu'il y avait à voir, c'était devant. Dans la salle…

Le langage métaphorique

 *Paroles*, Jacques Prévert

Dans cette séance, on va chercher à appréhender le langage méta-phorique en passant par une activité ludique.

Pour se lancer

Demandez à chacun d'écrire une question commençant par « Qu'est-ce que… » et se continuant par la désignation d'une abs-traction (concept, idée, sentiment, émotion, phénomène, etc.).

> Qu'est-ce que l'amitié ?
> Qu'est-ce que la liberté ?
> Qu'est-ce que le doute ?

Juste après et sans aucun rapport avec la question que l'on vient d'écrire, inventer un instantané, tout simple, et toujours sans réflé-chir.

> Un chat endormi au soleil.
> Une goutte d'eau au milieu du désert.
> Un fauteuil de cinéma bancal.

Atelier d'images aléatoires

Jacques Prévert est un maître dans l'art de manier les images, comme ici, dans un extrait de *Paroles* :

> *« Le tableau noir du malheur…*
> *Le puzzle de l'amour.*
> *Les marécages du passé.*
> *La boue des regrets.*
> *Les deux petites poches de la douleur. »*

À la manière de…

Vous allez mener le jeu des questions-réponses, en désignant successivement une personne donnant sa question, puis une autre personne donnant son instantané. Laissez-vous guider par votre intuition. C'est bien rare si vous n'arrivez pas à faire ainsi jaillir au moins deux ou trois métaphores signifiantes.

> Question : – Qu'est-ce que le doute ?
> Réponse : – C'est un fauteuil de cinéma bancal.

Lorsque la métaphore fonctionnera, chacun pourra ressentir la richesse de significations multiples qu'elle recèle. D'ailleurs, tous les livres de sagesse – la Bible y compris – se fondent sur des paraboles. L'image est un puissant vecteur de transmission, le procédé initiatique par excellence. Elle ne s'explique pas, elle n'en a pas besoin pour être explicite, elle se ressent plus qu'elle ne se comprend.

Vers les images volontaires

Le groupe va à présent être à même de créer volontairement de nouvelles métaphores.

Demandez à chacun d'inventer une question, comme tout à l'heure (si possible avec une abstraction qui intéresse sa vie dans ce qu'elle traverse actuellement).

Qu'est-ce que l'indécision ?
Qu'est-ce que le dévouement ?

Ensuite, chacun va poser sa question, à laquelle chaque membre du groupe répondra par une image métaphorique. Insistez bien, la métaphore n'est ni un exemple ni une définition. Elle est un tissu d'analogies de fonctionnements, d'aspects.

Question : – Qu'est-ce que l'indécision ?
Réponses (une par personne) : — Un monocycle.
— Une balançoire infernale.
— Le chemin de Saint-Jacques, deux pas en avant, un pas en arrière.

Procédez à un tour de table pour la première question, puis faites répondre à deux ou trois questions par écrit avant d'impulser les tours de table.

Bien sûr, chacun donne une réponse à la fois : chacun répond à la première question, puis chacun répond à la seconde et ainsi de suite.

Ce rythme soutenu d'interventions de chacun permet un échange à la fois dynamique et profond, car la façon dont chacun représente des sentiments, des expériences humaines, le révèle et l'éclaire par le contraste de sa réponse avec celle des autres. Des parentés s'établissent aussi au sein du groupe : telles personnes ont une conception approchante de tel phénomène, puis de tel autre.

La gaieté...
... un bouquet de bulles !
... des petits pieds qui courent sur un parquet ciré.
... une nappe fleurie qui claque au vent.
... l'alouette du printemps.
... une coupe de champagne.
... un cercle de mousserons dans un pré d'herbe rase.
... deux mains qui claquent l'une dans l'autre.

L'exercice fonctionne bien : chacun trouve dans la métaphore un langage libre, créatif et efficace aussi pour dire et découvrir du même coup des vérités intimes. De plus, il favorise autour de la table une communication accélérée qui en fait un vrai moment de plaisir.

Variante pour aller plus loin

Proposer de traduire en image la relation que l'on a avec telle ou telle personne de son univers familial.

> Ma mère : une large ouverture en ogive percée à travers une épaisse muraille autour d'une ville.
> Mon père : une échelle de bois appuyée à un mur de jardin, bien calée.

La métaphore filée : du comparé au comparant

 *City*, Alessandro Baricco

Dans cette séance, les écrivants vont garder la même démarche que dans la séance précédente, mais cette fois, en décomposant leur métaphore et en imaginant qu'ils vont l'utiliser dans un but pédagogique, éducatif, inspirant.

Commencez par lire l'extrait de *City* d'Alessandro Baricco où l'héroïne – la baby-sitter d'un enfant surdoué – utilise une métaphore filée pour expliquer au petit garçon qu'il fait selon elle une grosse erreur en allant étudier en université, à douze ans, mais qu'elle fait confiance à sa vie pour ne pas quitter son juste chemin : même s'il fait des détours par des directions erronées. Cette métaphore est celle du fleuve qui parvient à la mer malgré tous ses méandres, qui sont « sa façon d'aller droit » :

> *« Puisque tu ne veux pas t'enlever (…) de la tête cette idée à la con, de marcher devant les autres, sur un chemin, en plus, je ne veux même pas en parler (…), je me retrouve à penser aux fleuves, et au fait que des gens se sont mis à les étudier parce que justement ça leur revenait pas, cette histoire qu'un fleuve qui doit arriver à la mer (…) choisisse en fait, délibérément, de faire un tas de virages, au lieu de viser droit au but (…) pour nous aussi, ce doit être plus ou moins pareil, et que tout ce truc d'aller d'un côté et ensuite de l'autre comme si on était*

fous, ou pire, perdus, en réalité, ce soit notre manière d'aller là où nous devons aller (…) cette histoire des fleuves, oui, c'est une histoire si tu y penses elle est rassurante (…), qu'il y ait une règle objective derrière toutes nos imbécillités… »

Pour se lancer

Demandez à chacun d'établir une liste de phénomènes naturels qui, comme les méandres du fleuve, sont des phénomènes certes bien connus mais tout de même étonnants quand on y réfléchit à deux fois.

> Le phénomène des marées,
> le cycle de l'eau,
> l'eau qui s'écoule en sens inverse dans un siphon en hémisphère Nord et en hémisphère Sud,
> une abeille meurt après avoir piqué,
> la remontée des saumons,
> les feuilles des hêtres ne tombent que lorsque les nouvelles pousses sont devenues assez fortes pour se passer de protection, etc.

Après le tour de table, demandez à chacun d'imaginer une situation un peu difficile à vivre et à comprendre.

> Un échec à un examen, une rupture amoureuse, une trahison, une maladie, etc.

Puis, demandez à chacun de choisir un des phénomènes déjà mis en commun pour servir de métaphore consolante, explicative ou inspirante à la situation difficile évoquée précédemment.

> Un échec à un examen et le phénomène des marées.
> La violence qui habite l'être humain et son ombre.

À la manière de…

Après le tour de table, proposez de s'imaginer soi-même sous les traits de l'ami, du confident, du conseiller, à la place de la baby-sitter du jeune surdoué chez Baricco. Il ne reste plus qu'à écrire le texte : un discours qui s'adressera à l'ami dans l'affliction. Il pourra commencer par la phrase qu'utilise Baricco : « *Puisque tu ne peux t'enlever de la tête...* »

Procédez en trois temps.

Première étape : l'exposé de la situation difficile dans laquelle se trouve notre interlocuteur *(5 à 10 minutes)*

> Puisque tu ne peux t'enlever de la tête que tu ne vaux pas la corde pour te pendre, que tu es mauvais, brutal, méchant, puisque le remords te persécute à plaisir et que tu le laisses faire, je ne vais pas essayer de te détromper. Mauvais, brutal ? Tu es cela aussi. Qu'est-ce que tu crois ?

Deuxième étape : le rapprochement métaphorique avec un phénomène naturel *(5 à 10 minutes)*

> La seule chose qui me vienne pour t'aider, vraiment la seule, c'est cela par terre devant nous. Oui, notre ombre. Regarde, mon ombre à moi est plus grande que la tienne parce que je suis plus grand. Plus on prend de place sur la terre et plus notre ombre est grande. C'est comme ça, on n'y peut rien, ni toi, ni moi.

Troisième étape (la plus longue) : l'utilisation métaphorique du phénomène pour comprendre la réalité d'une situation personnelle *(5 à 10 minutes)*

> Toi, tu te croyais fort tant que tu te dirigeais vers la lumière de l'événement. Et là, tout d'un coup, parce que tu viens de traverser cette zone qui éclaire tout, elle fait apparaître ton ombre. Ce que tu n'aurais pas soupçonné de toi avant cela. Et tu te désespères. Mais pourtant, regarde, tu avances quand même, tu mets un pied devant l'autre. Ton ombre ne t'en empêche pas plus que ne peut t'empêcher ta violence de comprendre ce qu'il se passe exactement. Ta violence, tu l'as vue, maintenant, tu sauras faire avec. Tu avanceras quand même, en toute connaissance de cause. Tout le monde a une ombre. Les petits ont une petite ombre, les grands en ont une grande. C'est la vie qui fait ça. Le seul moyen de ne plus faire d'ombre, c'est de rester couché. Définitivement.

La métaphore filée : du comparant au comparé

Novecento : pianiste, Alessandro Baricco

Cette activité va proposer le chemin inverse : partir du phénomène concret et chercher ce que cette bribe peut avoir à me dire. C'est encore une autre opération, peut-être plus génératrice d'éveil.

C'est encore Alessandro Baricco qui va nous fournir le tremplin littéraire, avec un extrait de son merveilleux *Novecento : pianiste*, que vous allez commencer par lire.

> *« Moi, cette histoire de tableaux, ça m'a toujours fait une drôle d'impression. Ils restent accrochés pendant des années et tout à coup, sans que rien se soit passé, j'ai bien dit rien, vlam, ils tombent. (...) Pourquoi à ce moment-là et pas à un autre ? On ne sait pas. Vlam. Qu'est-ce qui est arrivé à ce clou pour que tout d'un coup il décide qu'il n'en peut plus ? Aurait-il une âme, lui aussi, le pauvre malheureux ? Peut-il décider quelque chose ? Ça faisait longtemps qu'ils en parlaient, le tableau et lui, ils hésitaient encore un peu, ils en discutaient tous les soirs, depuis des années (...). C'est une de ces choses, il faut pas trop y penser sinon tu sors de là, t'es fou. Quand le tableau se décroche. Quand tu te réveilles un matin à côté d'elle et que tu l'aimes plus. »*

Pour se lancer

Demandez de dresser une liste de petits faits quotidiens, domestiques ou naturels, dans le genre du tableau qui se décroche.

> Le robinet qui goutte
> Un pneu crevé
> Une clef cassée dans la serrure
> Une fuite de gaz
> Une inondation
> Le conduit de cheminée qui prend feu

Demandez de choisir un fait, sans savoir exactement ce qu'on va lui faire dire.

Phénomène : la cheminée dont le conduit prend feu.

À la manière de...

Étape 1 : description objective du phénomène *(5 minutes)*

Commencez par décrire le phénomène de façon objective, vu de l'extérieur.

> Moi, cette histoire de cheminée en feu, cela m'a toujours fait une drôle d'impression. Une cheminée, on connaît ça, c'est intelligent comme tout. Le feu en bas, et un long conduit qui traverse la maison en direction du ciel. Le feu au sol, et tout le long du conduit, les mauvais gaz, les pollutions, les suies qui s'élèvent et que le ciel dilue dans son immensité. Mieux que ça, même, il les aspire. Et ça donne de l'énergie au feu. On dit que la cheminée tire bien, alors.
> Mais si le ciel n'a pas suffisamment aspiré, si les suies se sont accumulées, si on ne les a pas nettoyées, qu'est-ce qui se passe ? C'est le feu qui fait le boulot.

Étape 2 : description subjective du phénomène *(5 minutes)*

Demandez de le décrire de manière plus subjective, de l'intérieur, en quelque sorte, du phénomène, en lui prêtant des paroles ou des sentiments, comme le fait Baricco en faisant dialoguer le clou et le tableau.

> Avec lui, c'est vite fait. Il bouffe toutes les suies, mais le problème, c'est qu'il bouffe la cheminée avec et même parfois la maison. Qu'est-ce qui lui arrive ? Il devient fou ?
> Non, il est lui-même, le feu, il dévore tout ce qu'il y a à dévorer. Ce

qu'il fallait, c'était ôter de sa portée tous ces résidus, en les enlevant pendant qu'il était éteint, mais maintenant qu'ils y sont, il ne se pose pas de questions, il y va. Le feu, c'est plein d'énergie, ça chauffe, mais aussi ça nettoie, ça détruit. C'est comme ça, il ne le fait pas exprès de tout anéantir. Ce n'est pas sûr qu'il ne préférerait pas rester bien à sa place dans le foyer, à se faire aimer, apprécier, nourrir à la bonne mesure. Se faire contenir, en somme.

Seulement si les habitants négligents ont laissé d'autres choses à sa portée, il prend, il détruit, il nettoie, il dévore. Et il peut tout anéantir si on ne l'arrête pas.

Étape 3 : humanisation du phénomène *(5 à 10 **minutes**)*

Demandez de terminer sur cette lancée en adaptant ce fonctionnement à un fonctionnement humain.

C'est une chose il faut s'en souvenir, sinon, tu comprends rien.
Quand ta colère flambe. Quand tu as laissé s'empiler des couches et des couches de souvenirs mal digérés, de griefs inavoués, de petits chagrins que le ciel n'a pas transformés en fumée. Quand tout cela a constitué tant de matière que ton énergie combative se dresse et flambe, et flambe dans une colère incœrcible, qui ne peut plus s'arrêter, qui réduit tout cela en poussière, mais qui réduit aussi malheureusement tes aspirations au bien, au beau, à la lumière. Ta colère flambe et pourrait bien détruire tout ce que tu as patiemment édifié. Ce n'est pas une bonne solution.
Tu ne peux pas t'en empêcher ? Normal.
Mais sais-tu qu'il existe des bûches spéciales qui ramonent la cheminée en brûlant ? Le feu, à bon escient. La volonté d'anéantir ce qui t'encombre, mais sans rien détruire autour. Avec réflexion, détermination, énergie.
Souviens-toi. Si la cheminée s'encrasse, ce n'est pas sa faute. C'est de la tienne. C'est que tu auras refusé de le savoir, de le voir, et de la débarrasser de ses suies.

À chaque étape, relisez le passage du texte de Baricco qui correspond à votre proposition.

Cette motivation donne souvent des textes intéressants et valorisants.

La transcription métaphorique du soi

Portrait chinois

C'est un jeu destiné à faire jouer la fonction métaphorique et à activer la communication autour de la table. Sans vraiment réfléchir, les stagiaires doivent répondre à des propositions du type :

> Si j'étais une habitation, je serais…
> … une maison de cité lacustre.
> … un igloo.
> … une maison en construction.

Expliquez bien qu'il ne s'agit pas de trouver la maison qu'on aimerait habiter, ni celle qu'on aime bien. Il s'agit de trouver l'habitation qui représente le mieux notre état du moment. Il y a des jours où l'on se sent comme un gratte-ciel, d'autres où l'on se sent comme une hutte de branchages dans une clairière, d'autres encore où l'on se perçoit comme un souterrain labyrinthique !

Dans un premier temps, on peut s'amuser à se poser différentes questions :

> Si j'étais…
> … une habitation,
> … un ustensile de cuisine,
> … une période de l'histoire,

… un pays,
… un sentiment,
… une qualité,
… un défaut,
… une catastrophe naturelle,
… un mets culinaire,
… une couleur,
… une fleur,
… un animal,
… un instrument de musique,
… un moyen de transport,
… un vêtement,
… une phobie,
… une utopie,
… un pouvoir magique, etc.

Comme le mode proposé est un mode ludique où l'on n'a pas à fournir d'explications, tout le monde trouve du plaisir à tourner ainsi autour du soi, à le regarder de haut, de l'intérieur ou de loin.

Vous verrez, à l'écoute des réponses, que l'on donnera bien sûr ligne par ligne (tout le monde donne son habitation, puis tout le monde donne son ustensile de cuisine, etc.), que chacun répond absolument juste. On ne peut l'expliquer, c'est un ressenti, mais vous verrez que chacune des trouvailles est parfaite. La métaphore permet de dire beaucoup plus qu'un discours rationnel, elle est directement en prise avec notre monde inconscient.

Lettre à ma meilleure qualité

Cette activité va permettre de franchir un pas de plus dans le recul symbolique : le dialogue avec une partie de soi-même.

Proposez de partir sur la proposition : « Et si j'étais une qualité. » Avec cette sollicitation, c'est souvent la qualité que l'on préfère dans celles que l'on se reconnaît. Si tel n'est pas le cas, il faut donc trouver le trait de caractère auquel on tient le plus dans sa propre personnalité. Il est en effet souvent difficile de se reconnaître une qualité... ce qui en dit long sur l'aspect bien peu valorisant de notre éducation ! Si on est vraiment gêné par la démarche, on peut toujours choisir une qualité que l'on voudrait avoir...

On va pour cela procéder en trois étapes.

Étape 1 : histoire d'une qualité *(5 minutes)*

Il s'agit pour les participants de faire l'historique de notre relation à cette qualité, retraçant les jalons, les événements majeurs.

> Chère compassion,
> Tu dois être étonnée que je t'écrive aujourd'hui.
> Tu peux dire que tu m'auras bien chamboulée, toi !
> Quand j'étais petite, tu arrivais à me faire pleurer dans mon lit en pensant au pauvre chien attaché tout l'hiver sur sa dalle de ciment chez le voisin. Après, il y a eu l'adolescence, et je me suis rebiffée. J'ai voulu te mettre au placard, je voulais avancer, croquer la vie à belles dents. Tu n'as rien dit, tu savais bien que tu serais la plus forte un jour ou l'autre. Et puis, comme dit la chanson, je fus berceau, et puis biberonne, et alors là, ce fut la grande échancrure dans mon cœur. Et tu as pris toute la place. Et tu as fait ta loi.

Étape 2 : élégie d'une qualité *(5 minutes)*

On va maintenant faire la célébration de cette qualité, décliner les mérites, les avantages et les forces qu'elle nous a donnés, les consolations qu'elle nous a prodiguées.

> Il m'a fallu du temps pour comprendre quelle alliée tu étais. Mes proches t'ont trouvée tellement lourde à porter ! Tu te mêlais de tout. Tu me faisais peut-être même grossir leur chagrin en les dupliquant, et j'en souffrais plus encore. Et puis tu as fini par devenir une vraie force, en t'épanouissant. Tu as fini par me donner la confiance en la capacité innée de mes semblables à surmonter les obstacles, à transformer les épreuves. Oui, tu m'as rendue plus forte, plus agissante que ne l'aurait fait l'indifférence, cette indifférence après laquelle j'avais soupiré comme on espère un radeau !

Je sais aujourd'hui que le radeau ne va nulle part, alors que toi, tu es un beau navire que j'apprends à gouverner.

Étape 3 : formulation d'un souhait *(5 minutes)*

On termine la séance en demandant quelque chose à sa qualité. Trouver un domaine où vous aimeriez qu'elle s'exerce davantage, ou au contraire qu'elle s'allège un peu. Ou bien faites le vœu qu'elle ne vous quitte jamais, etc.

Mène-moi où tous nous voulons aller, vers cette terre de liberté où nous sommes tous dans la même vie, cette terre sensible et vibrante où rien ni personne ne se trouve à l'écart. Mène-moi, chère compassion, vers le beau pays où la solitude prend fin. Reste vigilante. Ma vie, au fond, c'est toi.

Variante : l'écriture résolutive

Utiliser exactement le même schéma pour s'adresser à un aspect de notre comportement ou de notre histoire qui nous pose vraiment problème, quelque chose dont on souhaiterait se débarrasser ou au contraire que l'on souhaiterait réussir à attirer, ou peut-être même à une personne avec qui on vit un douloureux conflit.

À *mon étourderie*
À *ma colère*
À *mon instabilité*
À *la malchance*
À *l'échec*
À *ma flemme*
À *mon retard*
Au *sommeil*
Au *courage*
À *mon amour*

Chère étourderie,
Tu as été, ma chère et douce, mon héritage familial, la marque de fabrique, le lien vivant avec un père admiré, qui te tenait lui-même

de sa mère. Je t'ai laissé faire tout au long de mon enfance, même si tu m'as bien compliqué la vie. Puis tu es devenue une coquetterie de jeune fille, mais un vrai boulet dans ma vie d'adulte, et une torture existentielle dans ma vie de mère. Tu as même fini par me faire parfois penser que j'étais moi-même ma propre ennemie. Tu me faisais oublier des choses tellement importantes !

Pourtant tu étais si coulée dans la masse de ma vie que je ne pouvais t'extirper. Et puis, c'est peut-être grâce à toi que je savais tout oublier rien qu'en regardant le ciel, que je savais faire abstraction de la laideur et de l'ignominie, que je savais prendre de l'altitude et de la légèreté. Grâce à toi, j'ai su ne pas entendre ce qui m'aurait cassée, j'ai su ne pas voir ce qui m'aurait désespérée, tu m'as protégée d'une certaine manière, et je t'en remercie.

Mais aujourd'hui, ma petite mère, personne ne me fait plus de misères, j'ai réalisé beaucoup de mes vœux les plus chers, et tu n'as plus besoin d'autant me protéger. Rentre en toi-même et deviens simple joie de vivre. Rentre tes ailes et calme-toi, niche-toi confortablement dans ma mémoire et repose-toi. J'ai besoin de ma lucidité pour tout voir, j'ai besoin de ma concentration pour réparer mes erreurs, pour ne rien oublier. Maintenant je suis sur le second versant de ma vie, et ma nécessité est de me souvenir.

Bien à toi, ma belle, mais un peu moins qu'avant, n'est-ce pas ?

Restons bonnes amies jusqu'au bout du chemin.

Bibi

L'exercice paraît simpliste, mais aussi étonnant que cela paraisse, il se répercute réellement dans la vie courante. Nombre de personnes ont ainsi réussi à conjurer une habitude ancrée dans les plus lointaines profondeurs de leur subconscient. La mémoire émotionnelle se trouve disséminée dans le corps tout entier, par l'intermédiaire de cellules nerveuses, qui sont comme de « petits cerveaux », reliés à la zone cérébrale de l'intelligence émotionnelle. Ils ne communiquent pas avec le cerveau cognitif, mais seulement avec le reste du corps. Le geste d'écrire permet-il une communication subtile avec ces couches profondes ? Les résultats que vous obtiendrez avec l'écriture de la fiction, nouvelle ou conte, semblent bien dire que oui. En tout cas, ce procédé tout simple peut bien être tenté. Présentez-le avec humour, et laissez à chacun le soin de le tester dans sa propre vie.

Autre variante : le destinataire aléatoire

Vous pouvez aussi faire tirer les adresses au sort en proposant aux participants de « piocher » dans un tas de petits papiers que vous aurez préalablement préparés avec des adresses fantaisistes :

À mes mains
Au temps
À la nuit
Aux poils de mon chien
À la mort
À ma vie
À ma mémoire
À mes parents
À ma paresse
À mes ancêtres
Au succès
À ma santé
Au ciel
À mon appétit

Le jeu consistera à faire deviner le destinataire au reste du groupe après la lecture de la lettre. Il est amusant de constater que, même sur ce mode ludique, les écrivants découvrent toujours quelque chose sur eux-mêmes.

À mes mains.
Chères, très chères,
Pourquoi donc ne vous ai-je jamais parlé, jamais écrit, à vous mes sœurs, mes aimées, mes toutes donnantes ?
Je ne me souviens pas du jour où je vous ai découvertes, et pourtant, c'est sûr, vous avez dû être parmi mes premières découvertes. À l'époque, d'ailleurs, vous ne m'obéissiez pas vraiment et je n'étais pas sûre que vous m'étiez liées.
Et puis peu à peu, vous avez révélé ma vie. J'ai dû vous goûter d'abord, sucer vos doigts, puis vous vous êtes animées et vous m'avez servie. À tout, à rien, sans cesse. Il y a eu quelques années difficiles où vous ne faisiez pas vraiment ce que je voulais. J'en pleurais même parfois sur mes cahiers, mes dessins, et surtout ces

fichus «travaux manuels». Puis, vous avez été porteuses de mes émois, de mes tendresses, de mes caresses. Comme vous étiez intelligentes alors! Vous faisiez de votre propre chef ce dont l'aimé avait le plus envie. L'esprit m'est bien venu par vous!

Et aujourd'hui encore, vous savez mieux que moi ce qu'est ma vie dès que je me mets à écrire!

Alors s'il vous plaît, aujourd'hui, ne vous laissez pas décourager. Faites votre vie, n'attendez pas que je le décide. Je deviens paresseuse, alors que vous êtes toujours aussi laborieuses. Ne vous laissez pas envahir par mes pensées inutiles, ou mes insistants «À quoi bon?»... Gardez votre appétit de vivre, et d'agir. Tant que vous serez là, comme deux petites fées guillerettes, je serai toujours sauvée!

Bien à vous.

Création d'un personnage métaphorique : l'allégorie

 ***Paroles***, Jacques Prévert

Puisque la dernière séance a permis de s'adresser à une abstraction comme si elle était une personne, nous allons pouvoir aller un peu plus loin et créer un personnage capable d'*incarner* une idée, une émotion ou un sentiment. Tout, dans le fonctionnement du personnage que nous allons créer, va révéler l'idée que nous avons de ce concept.

Ce que nous allons construire ainsi s'appelle une allégorie, figure de style très courante parce que particulièrement attachante (par exemple, Marianne est l'allégorie de la République).

Pour se lancer

Commencez par écrire la liste des idées, concepts, sentiments qui nous intéressent, qui nous interpellent, ou juste qui nous inspirent.

L'amitié
La joie
La persévérance
Le pouvoir
L'imagination

L'intuition
La création
Etc.

Lisez ensuite le très beau poème de Jacques Prévert « Le désespoir est assis sur un banc », dont voici un court extrait :

« Dans un square sur un banc
Il y a un homme qui vous appelle quand on passe
Il a des binocles un vieux costume gris
Il fume un petit ninas il est assis
Et il vous appelle quand on passe
Ou simplement il vous fait signe
Il ne faut pas le regarder
Il ne faut pas l'écouter
Il faut passer
Faire comme si on ne le voyait pas »

À la manière de...

Demandez à chacun de choisir dans sa liste un concept qu'il va transformer en personne, et dont il va faire un portrait en acte, comme le fait Jacques Prévert.

Le pouvoir
Il s'ennuie
Il est assis à son bureau et il s'ennuie
Sauf si on l'ennuie
Si on l'ennuie il ne s'ennuie plus
Si on l'ennuie il agit
Il frappe fort
Il parle dur
Il casse ferme
Il est implacable
Imparable
Imbattable
Mais pas invulnérable
Autour de lui

Pas de miroir
Il déteste ça
Et ne se reconnaîtrait même pas dans la rue
Il ne se regarde pas
Il ne se voit pas
Heureusement, il est si laid
Il n'a pas de cheveux, les oreilles décollées,
Le regard avide
Les lèvres minces
Les mains nerveuses
Quand on entre dans son bureau
On ne parle plus
On se tient à peine debout
Il n'y a qu'une solution,
Une parade. Ouvrir la fenêtre
Faire entrer le soleil.
Alors il s'effondre,
Secoué d'une quinte de toux
Bombardé d'éternuements
Il ne peut plus parler
Il a les yeux qui pleurent
Il essaie de faire signe
De fermer la fenêtre
Vous faites semblant
De ne pas comprendre
Et vous le regardez mourir
Peuchère
S'asphyxier
S'étouffer
De son propre souffle
S'éteindre
De lui-même.

Pour la lecture des travaux, il peut être intéressant de demander aux participants de ne pas donner le titre et de faire deviner aux autres ce que l'on a voulu représenter, comme une sorte de devinette.

Dans ce cas la lecture prendra forcément plus de temps, d'autant que l'on aura souvent envie d'entendre une deuxième fois le texte, après avoir deviné le concept qui se cachait derrière.

Je de moi, *je* de l'autre

 ***Bons mots et facéties des Pères du désert*, Piero Gribaudi**

Les écrivants vont avoir à créer un personnage. Pour lui donner une véritable crédibilité, ils vont devoir lui donner une cohérence psychologique à l'aide de leurs propres émotions. Cette séance est très longue et nécessite plusieurs heures si chaque participant doit passer sur la sellette.

Pour se lancer

Étape 1 : ébauche d'un personnage *(3 minutes)*

Demandez à chacun de dresser en quelques mots et sans trop réfléchir les grandes lignes d'identité d'un personnage.

> Léonie – 52 ans – Mercière – Deux fois veuve – Sans enfant – A vécu les deux guerres – aime le café, les géraniums et les ouvrages au crochet.

Étape 2 : jeux de rôle *(5 à 8 minutes par personne interrogée)*

Choisissez un participant et demandez-lui d'« habiter » son personnage pour répondre aux questions que tous les autres vont lui poser. Ces questions ressembleront à celles d'un entretien radiophonique dans le genre de la célèbre émission *Radioscopie* de Jacques Chancel sur France Inter.

— Qu'est-ce qui vous fait vraiment peur ?
— Vous avez des regrets ?
— Quel est le plus beau souvenir de votre existence ?
— Et Dieu dans tout ça… ?

Évidemment, l'écrivant n'avait pas pensé à tout cela en bâtissant son personnage à grands points, mais il inventera naturellement ses réponses au gré des questions posées. Pendant l'entretien, les autres peuvent prendre quelques notes s'ils le souhaitent.

Votre rôle consistera à structurer les échanges. Il est important que chaque « interview » ne dépasse pas les 5 à 8 minutes imparties à chacun. Vous devrez parfois relancer les questions en posant vous-même une question d'un genre différent (par exemple, sur l'enfance si on reste trop longtemps autour de la question professionnelle, ou sur la vie amoureuse, etc.).

La personne placée sur la sellette aura un peu de mal à dire « je » au début en parlant au nom de son personnage, mais petit à petit, elle entrera dans sa peau grâce à l'inattendu des questions que lui poseront les autres. Elle sera pour ainsi dire contrainte à définir son personnage, et ses réponses l'étonneront elle-même. L'interview restera orale ; l'étape suivante permettra de fixer ces impressions par écrit.

— Tu vis où ?
— Dans une petite maison à la sortie du village, la dernière avant la forêt.
— Tu t'y plais ?
— Ou… oui, je n'ai jamais connu autre chose.
— Tu ne t'y sens pas seule ?
— J'ai mon chat.
— Tu as peur parfois ?
— Souvent.
— De quoi ?
— … Il y a longtemps, quand j'étais petite, j'ai été élevée par ma grand-mère. Elle me racontait toujours des tas de choses bizarres, pour me faire peur, pour que je fasse attention, elle avait toujours peur qu'il m'arrive quelque chose. Il ne m'est jamais rien arrivé, mais j'ai tout le temps un peu peur. De quoi, je ne sais pas…

— Tu as quel âge ?
— Quatre-vingt-un ans.
— Tu as été mariée ?
— Deux fois.

Bien sûr, les questions seront posées par un peu tout le monde dans le groupe, au gré des idées qui viendront.

Étape 3 : Portrait

Invitez chacun à dresser par écrit son propre portrait du personnage incarné par le participant. Pour cela, proposez au choix l'une des techniques suivantes (n'en proposez qu'une que vous aurez choisie en fonction du personnage créé).

Le biographème

Léonie avait à la fin de sa vie un gros chat tigré pour lequel elle se privait parfois de lait.
Léonie avait été une bonne mère mais elle avait toujours préféré André, son premier né, en souvenir de ce jeune mari dont elle ne parlait jamais.
Léonie tricotait chaque hiver des cache-nez pour chacun de ses petits-enfants : les années paires pour les filles, les années impaires pour les garçons. Elle avait soin de leur demander la couleur de leur choix avant d'aller choisir la laine.
Léonie ne s'était jamais coupé les cheveux, mais personne ne l'avait jamais vue les cheveux défaits.
Le matin, elle prenait de la soupe.

L'apophtegme

Ce type d'écrit était dédié à l'origine à la sagesse des Pères du Désert (anachorètes des premiers siècles du Christianisme au Proche-Orient). Ce sont des situations toutes simples, imbibées de quotidien, ponctuées par la parole d'un Père, chute savoureuse et empreinte de sagesse. Parole sans prétention, ni parabole ni adage, elle séduit par sa simplicité et sa profondeur. L'anecdote entière est tournée vers la parole finale, qui rend compte d'un aspect important de la pensée du Père.

Pour illustrer cette forme bien particulière, voici un extrait des *Bons mots et facéties des Pères du désert* de Piero Gribaudi :

> « *Pendant son voyage à Smyrne, abba Calixte se trompa de chemin. Or, dans la solitude la plus absolue, surgit tout à coup un voyageur et abba Calixte s'en réjouit fort.*
>
> *— Excuse-moi, frère, lui dit-il, saurais-tu m'indiquer la route de Smyrne ?*
>
> *— Mais, tous les ânes la connaissent, répond celui-ci, impoliment.*
>
> *— C'est bien pour cela que je te l'ai demandée.*
>
> *(…)*
>
> *Abba Sisoès avait beaucoup de livres dans sa cellule et beaucoup de sagesse dans son cœur. À un jeune moine qui un jour lui demandait :*
>
> *— Abba, est-il difficile de lire ?*
>
> *— Lire n'est rien, répondit-il. Le difficile est d'oublier ce qu'on a lu.* »

Bien sûr, ce type d'écrit peut être adapté à l'évocation d'un autre personnage, à condition qu'il soit censé avoir le verbe haut, puisque c'est sur sa parole que doit toujours se terminer l'apophtegme.

À la manière de…

Proposez aux participants de choisir une pointe, c'est-à-dire une phrase de réponse qui constituera la chute de l'apophtegme.

Puis construisez une micro-situation en amont de la phrase. Rédiger en termes sobres, laconiques. Tout est écrit dans le but de mettre la pointe en valeur.

> Le chat de Léonie la suivait partout. De temps en temps, elle lui marchait sur la queue ou la coinçait dans une porte. Elle sursautait au hurlement strident et criait tout aussi fort :
> – Mais aussi, es-tu niais mon pauvre Lulu de m'coller aux guêtres !
> On a qu'des coups à prendre quand on aime de trop près !

La nouvelle-instant

Mrs Dalloway, Virginia Woolf

La précédente séance a permis à chacun de créer un personnage. C'est à partir de ce personnage que nous allons construire une nouvelle-instant.

La nouvelle-instant est une forme très particulière : à travers l'épaisseur d'un instant, une vie entière va basculer dans une autre logique. C'est un moment bref qui met en jeu une existence entière, sans aucune intrigue : la qualité de l'instant est psychologique. À l'occasion d'un événement bénin, le personnage prend conscience d'un nœud demeuré latent jusque-là. Marcel Arland, souvent désigné comme l'inventeur de la nouvelle-instant, la désigne ainsi : « Elle semble n'être faite de rien, sinon d'un instant, d'un geste, d'une lueur qu'elle isole, révèle, remplit de sens et de pathétique. » Les maîtres du genre sont aussi Virginia Woolf et Katherine Mansfield.

Notre personnage étant défini, on va maintenant s'appliquer à délimiter un moment de son histoire, un moment parmi ceux que l'on a évoqués dans l'échange questions/réponses. L'issue de cette nouvelle sera donc inconnue pour l'instant. Cette contrainte est importante car elle va permettre à la nouvelle écrite d'être un guide pour l'écrivant, de lui délivrer peut-être un sens qu'il sera le seul à comprendre, de « franchir un seuil », comme on dit dans le langage thérapeutique. Cela ne manquera pas d'arriver pour chacun d'entre eux, mais après coup, le soir ou le lendemain. Bien évidemment, cela, vous ne le saurez qu'après l'écriture de la nouvelle.

Étape 1 : choisir une période de la vie du personnage et tracer les grandes lignes de sa situation *(3 minutes)*

> Marion, une petite fille de dix ans, habite avec sa grand-mère dans une maison en bordure des bois. Elle travaille bien à l'école, elle a des amis, des animaux familiers, elle est heureuse avec sa grand-mère paternelle qui l'entoure de tendresse et l'élève avec sagesse.

Étape 2 : dégager la problématique du personnage et les circonstances extérieures *(5 minutes)*

Cette étape va nous amener à faire apparaître la problématique du personnage, ainsi que les circonstances (temps, lieux) de l'intrigue (une promenade, une occupation familière, un trajet précis, etc.).

> Mais elle n'ose pas lui poser de questions sur sa mère dont elle sait qu'elle est morte quand elle était toute petite. Son père vient la voir de temps à autre, mais rarement, il lui est presque étranger.
> Marion est devant les clapiers du père Campier. Elle adore le parfum du foin. Elle est venue leur porter des épluchures de carottes.

Procédez à un tour de table pour chaque élément défini.

Étape 3 : écriture de la nouvelle-instant *(30 minutes)*

Expliquez ensuite que le moment qui va suivre va être un moment de concentration maximum, non mentale seulement mais de tout l'être. Il ne faudra donc pas être interrompu par quoi que ce soit. Il faut que chacun soit prêt à entrer en plongée.

Vous allez à présent procéder à un guidage serré, en définissant dans l'ordre le type de forme d'expression, et en donnant un exemple extrait de *Mrs Dalloway* de Virginia Woolf.

> *« Regent's Park était là. Bien là. Enfant, il s'y était promené — curieux, pensa t-il, comme la pensée de mon enfance ne cesse de me revenir — c'est peut-être d'avoir vu Clarissa ; car les femmes vivent beaucoup plus dans le passé que nous. Elles s'attachent aux endroits ; et leurs pères — une femme est toujours fière de son père. Bourton était un endroit agréable, mais je n'ai jamais pu m'entendre avec le vieux. Un soir il y avait eu une véritable scène — une querelle à propos de quelque chose, il ne se rappelait plus quoi. Une histoire de politique, probablement. »*

À la manière de…

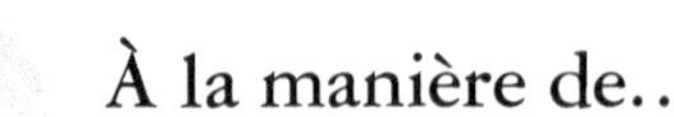

Les participants écriront au fur et à mesure de vos directives. Dès que vous donnez une consigne, vous pouvez relire tout de suite le passage de *Mrs Dalloway* qui correspond à votre demande, au début de l'exercice, pour mettre tout le monde sur la voie.

Après chaque directive, laissez 2 minutes pour écrire, et passez directement à la consigne suivante.

1) Situez le propos :

> *« Regent's Park était là. »*

Les clapiers débordaient de foin, un beau foin doré, odorant.

2) Faites naître le souvenir :

> *« Enfant, il s'y était promené (…) »*

Le même foin qu'elle adorait fouler chez les grands-parents de Nadine.

3) Continuez sur la réflexion liée à ce souvenir :

> *« (…) curieux, pensa-t-il, comme la pensée de mon enfance ne cesse de me revenir (…) »*

C'est drôle, pensa-t-elle, j'aime bien me souvenir des grands-parents de Nadine. C'est son grand-père surtout que j'aimais. Sa moustache qui pique quand il embrasse. C'est tellement drôle d'avoir des poils sur la figure, pas des petits poils fins comme Mémé, mais des gros, durs, qui arrachent.

4) Faites naître un autre souvenir, plus ancien encore.
À partir de là, vous n'avez plus besoin de donner des parties de texte en exemple : les écrivants sont lancés dans leur idée et cela les embrouillerait. Ils vont être attentifs à suivre vos directives au rythme soutenu auquel vous les donnerez. Je ne laisse donc après chaque directive que les exemples de production correspondants.

Une fois il l'avait prise sur ses genoux et tout en parlant, il balançait doucement ses cuisses d'un côté et d'un autre en l'entourant de ses bras, et elle avait eu envie de s'endormir. De sa vie, elle n'avait jamais connu quelque chose d'aussi solide, d'aussi protecteur, d'aussi enchanteur que ce balancement. Oui, elle se souvenait de ce grand-père qui n'embrassait pas beaucoup, mais qui fabriquait des tas de choses en bois, des jouets, des épées. Elle en avait tellement envié Nadine qui, en plus d'avoir un papa et une maman, avait un pareil grand-père.

5) Une action reprend l'attention du personnage :

Elle leva le pêne du clapier et en ouvrit doucement la porte.

6) Cette action fait naître un désir :

Elle voulait toucher les oreilles chaudes du lapin et sentir sous sa paume son court halètement.

7) L'attention du personnage est saisie par la réalité :

Le lapin était tapi au fond, soyeux et gris. Tout tremblant. À sa droite, un récipient était rempli d'une eau saumâtre.

À partir de là, l'animateur peut laisser libre court à son inspiration ou suivre le canevas donné ci-dessous. Ce dernier a une simple valeur d'exemple. La seule chose qui importe, c'est la nécessité de procéder à un guidage serré, en ne donnant à chaque consigne que deux minutes pour écrire. De cette manière, les écrivants vont se trouver dans un état voisin de l'autohypnose, où leur énergie s'autoalimentera.

8) Action :

Elle prit une poignée d'épluchures de carottes de son sac en papier et la déposa au fond près du lapin.

9) Réflexion :

Je demanderai à Mémé où Maman a grandi, se dit-elle, si c'était à la campagne comme moi, si son Papa à elle avait des moustaches, si elle avait des animaux…

10) Description :

Un minuscule raclement rythmé au fond du clapier l'avertit que le lapin avait commencé à manger.

11) Réflexion :

On croit toujours qu'il a trop peur, qu'il ne mangera pas, et finalement, si, il mange.

12) Description :

Pourtant, il gardait la même attitude, la même posture, ramassée, renfrognée.

13) Action :

Elle poussa encore vers lui un petit tas d'épluchures, cherchant à toucher le nez, son petit nez qui bougeait en cadence.

14) Sensation :

Elle en sentit le chaud velouté au bout de ses doigts, puis retira bien vite la main, vaguement inquiète. Elle s'appuya un instant contre les grilles du clapier. Cette odeur l'entêtait un peu.

15) Désir :

Lui donnait une envie. Une envie grande, grande, immense. De courir dans des prairies, parmi les fleurs des champs, de boire à même le fracas d'un ruisseau, longtemps, longtemps, de boire le ciel, de sortir ses poumons et de les nettoyer entièrement dans l'air pur.

16) Vision extérieure du personnage (zoom arrière) :

Ici, la vision qui s'extériorise permet souvent de faire apparaître le sens symbolique de la scène.

Une petite fille en robe grise, à jolies tresses blondes, appuyée contre les grilles des clapiers, contre les grilles des prisons à sa taille, se balançait toute seule, se berçait elle-même.

17) Vision plus élargie de l'environnement :

Une longue traînée blanche montait au-dessus des clapiers, se dressait en colonne de fumée, se surmontait enfin d'un visage. Un doux joli visage flou.

18) Finir à son gré *(5 minutes)* :

Ici, vous « lâchez la bride sur le cou » des créativités. Chacun est bien immergé dans son histoire, la dynamo que vous venez de charger avec cette suite de contraintes très serrées va aller jusqu'au bout de la nouvelle. Chaque écrivant se trouve depuis un moment déjà dans une sorte d'état d'autohypnose incroyablement fécond.

Un visage de photo en noir et blanc. Je voudrais que ma maman ne soit pas morte. Elle dit les mots. Au lapin d'abord. Puis à l'autre lapin à côté. Puis encore à l'autre lapin à côté. Puis à celui du dessous. Je voudrais que ma maman ne soit pas morte. Puis une autre fois. Et encore une autre fois. Les lapins ont l'air de comprendre. Un peu. Sa mémé aussi comprendra quand elle va lui dire tout à l'heure. Elle s'entraîne à le dire. Encore. Encore. Ce n'est pas grave de dire ça. Qu'est-ce que ça peut faire ?
Ce soir, quand elle sera dans son lit et que Mémé viendra la border, elle poussera un peu sa hanche pour la faire asseoir sur le lit, comme elle le fait quand elle veut que ça dure plus longtemps le bisou du soir, et elle lui dira. La phrase. Comme aux lapins. Et alors, il faudra bien que Mémé le lui dise. Une seule fois. Comment elle est morte sa maman. Et si c'est elle, Marion, qui l'a fait mourir. Peut-être que c'est oui. Mais alors, il faut qu'on le lui dise. Elle ne l'a pas fait exprès. Elle referma la porte du clapier. Elle ne pensait plus à laisser les lapins s'échapper. D'ailleurs, ils ne voulaient même pas s'échapper. Un peu plus tôt, un peu plus tard, il faudrait bien mourir.
— C'est pas grave, murmura-t-elle en refermant le pêne.

Vous avez donc successivement demandé, en ne laissant que 2 minutes pour rédiger chaque fois en réponse :

– une observation ;
– un souvenir ;
– une réflexion liée à ce souvenir ;
– un autre souvenir plus ancien ;
– etc.

Tout cela est évidemment à écrire du point de vue du personnage que l'on a créé.

La nouvelle s'est écrite toute seule, le cerveau gauche entièrement occupé à se plier aux directives données sur un rythme tellement soutenu qu'il va laisser s'exprimer le cerveau droit, sur un mode symbolique.

Le moment de la lecture sera un moment d'échanges étonnant : vos remarques et celle des autres participants vont éclairer le sens de la nouvelle à son créateur.

Vos interventions doivent, là encore, montrer toute la richesse de la production, mais sans analyse, sans conclusion. Vous devrez juste faire ressortir certains détails, faire comprendre qu'ils ont du poids, parler du personnage en soulignant les singularités de son comportement, mais sans faire de parallèle avec l'auteur. Votre réaction montrera seulement que l'écrivant n'a rien écrit par hasard. Là encore, aucune interprétation n'est nécessaire, chaque écrit a permis à chacun de libérer une part de lui à la fois précieuse et mystérieuse.

Une chose est certaine : l'expérience laisse les participants médusés par ce qu'il s'est écrit, comme on est médusé par une naissance !

Ce travail marque la fin de ce deuxième cycle.

À partir de là, les écrivants sont capables de s'engouffrer dans n'importe quelle motivation d'écriture donnée.

108

Écrire : entrer en sympathie avec le monde

Ce troisième cycle va permettre d'avancer d'un degré supplémentaire vers la rencontre interpersonnelle.

Il y sera question de s'abandonner un peu soi-même pour partir librement à la rencontre de l'autre, de quitter son propre point de vue, de modifier son angle de perception, d'éprouver sa liberté dans l'appréhension du réel. L'entreprise est bien plus difficile qu'il n'y paraît : nous percevons malheureusement plus avec notre mémoire qu'avec nos yeux ou nos oreilles ! Pendant que nous regardons au dehors, nous regardons en nous et nous lisons le monde au lieu de le voir ! Et nos pensées se reflètent sur l'extérieur. « C'est une erreur de croire que nous élaborons les théories sur les bases des observations, c'est plutôt la théorie qui détermine ce qu'on peut observer », écrit Einstein. La physique quantique a d'ailleurs montré les différences de comportement de la particule élémentaire selon qu'elle est ou non observée.

S'affranchir un tant soit peu de cet état de fait, ce peut être déjà jouer avec les modes de perception et d'expression, trouver le « jeu » possible dans le mécanisme…

Prendre de la distance avec sa propre histoire

Un dictionnaire des noms propres

Ici, les participants vont expérimenter, un peu plus, la distance avec leur discours. Il s'agit d'écrire à la manière d'une biographie de dictionnaire son autobiographie imaginaire.

Le jeu consiste à mélanger des éléments fictifs aux éléments réels, les peurs et les espérances, les rêves et les réalités.

Quelques règles :

– utiliser résolument le ton humoristique avec ce mélange, mais garder la forme générale qu'on voudrait donner à sa vie ;
– éviter par exemple les fins tragiques et les errances trop longues ;
– prendre les lignes générales de nos aspirations et les étirer, les étirer jusqu'à ce qu'elles deviennent cocasses ;
– donner du panache, de la joie, s'offrir le mieux, tant qu'à faire !

À la manière de…

L'exercice doit être libérateur et jubilatoire, il doit nous faire rire de nous-même et en même temps nous permettre de ressentir une sorte de tendresse pour notre vie.

Evelyne P., née le 1er septembre 1958. A suivi des études rêveuses dans une ville noire d'Auvergne et passé trois années au Conservatoire d'Arts Dramatiques, conjointement à un entraînement intensif de patin à roulettes. S'est très tôt investie dans la défense des oursons de moins de deux ans et écrit un mémoire sur l'imaginaire lié à l'ours. A fait une carrière dans l'enseignement entrelardée de missions dans le monde associatif : crèches parentales, éveil culturel du jeune enfant, édition. A traversé sa vie professionnelle en équilibre instable jusqu'à sa découverte de l'île Santaniga, île vierge située près des Galàpagos où elle a fondé le vivarium des temps adoucis, destiné à accueillir en séjour de trois mois les convalescents des chagrins d'amour. On lui doit aujourd'hui la nounouthérapie et le fameux ourson Topika, véritable panacée affective pour petits et grands. Elle s'est éteinte sur son île à l'âge de 98 ans.

La lecture des travaux est souvent très drôle, mais certains ne peuvent s'empêcher d'écrire leur biographie réelle, sans doute parce que l'expression des douleurs passées tient de l'urgence.

Pour aller plus loin

Il est donc possible de réfléchir sur les rapports entre réalité et vérité. Finalement, quelles étaient les biographies les plus vraies ? Les réelles ou les fictives ?

Vous pouvez inviter chacun à pointer – pour lui-même, en silence – les éléments réels qu'il a conservés, comme des points d'appui dans son existence.

La plupart noteront qu'ils n'ont conservé que les jalons qu'ils avaient vécus comme étant les plus positifs dans leur vie. Cette réflexion nous remet en tête le sens et l'intérêt de toute démarche créative : elle est rebond et tremplin vers le haut !

Le haïku

Fourmis sans ombre : le livre du haïku, Maurice Coyaud
Le Tout, l'esprit et la matière, Jean-Émile Charon

Le haïku est un poème d'origine japonaise constitué de trois vers très brefs, contenant souvent une allusion à la saison en cours. C'est une écriture légère, condensée, tout empreinte de sympathie pour le monde.

Elle s'écarte complètement de l'attitude occidentale, sans cesse en position d'interprétation ou de domination. Le poète doit s'effacer complètement derrière la lumière du réel. Plus encore que l'instantané, le haïku se clôt sur une représentation de la perfection de l'instant. C'est une perle de rosée, la quintessence d'une méditation heureuse, d'un sentiment d'union intime avec le monde. Il est l'expression d'un regard éclaté, qui viendrait de chaque objet évoqué.

Au Japon, le haïku est pratiqué par tous, au sein des *kukais* (groupes d'écriture de haïkus), le plus souvent par des personnes de plus de cinquante ans, car cette pratique suppose une grande maturité spirituelle. Même les journaux nationaux ont une rubrique « *Haïku* ». En voici quelques exemples :

Cerisier sauvage
au bout d'une branche
un village.

Rinka

La fraîcheur
au milieu d'un champ de riz vert
d'un unique pin

Shiki

Sur la pivoine blanche
netteté
de la fourmi.

Buson

Sur la cloche du temple
Un papillon dort
Profondément

Buson

Je lève la tête
L'arbre que j'abats
Comme il est calme !

Issekiro

Le haïku transforme l'objet décrit en sujet agissant dans l'harmonie de la réalité. Il suppose une absolue disponibilité au réel et à l'instant présent. C'est pourquoi c'est un exercice tellement difficile pour nos esprits occidentaux. Vous constaterez sans doute à quel point il est difficile de faire taire l'esprit spéculatif, tant est grande la tentation de l'interprétation ou du lyrisme poétique. Le haïku reste une merveilleuse école d'humilité et de vigilance (de *vigilia* : veille).

La technique qui va suivre permettra d'approcher graduellement cette posture.

Saisir l'instant

Le haïku donne à voir une de ces expériences de supra-conscience ; l'expression anglaise pour la désigner *peak experience* semble mieux rendre compte de ce qu'elle est.

Elle est la conjonction de trois paradoxes :

– c'est un instant où, tout en oubliant qui je suis, je suis plus moi-même qu'à aucun autre moment.

– c'est un instant où, tout en étant absolument seul(e), je me sens absolument relié(e) aux autres ; c'est une sorte de dilatation du cœur qui nous unit à toute la création.

– c'est enfin un instant où, tout en n'ayant aucune révélation ni aucune compréhension supplémentaire, j'ai l'impression que tout a du sens.

Pour inspirer les écrivants, vous pouvez lire ce texte, extrait de *Le Tout, l'esprit et la matière* de Jean-Émile Charon, physicien dont les travaux, prolongeant ceux d'Albert Einstein, ouvrent sur une conception de l'homme et de l'univers absolument vertigineuse, et qui explique peut-être certaines des magies de l'Atelier d'Écriture Partagé !

> *« Les sensations primordiales qui nous font toucher du doigt le cœur de l'univers sont généralement très simples. Cela peut être les reflets du soleil dans un sous-bois, (…) ou le bruit particulier d'une grenouille pénétrant dans l'eau où elle vient de sauter. Mais c'est aussi un instant vécu d'apparence analogue aux autres où on a cependant ressenti (pourquoi) une plénitude faisant vibrer tout notre être jusque dans ces plus fines parcelles.*
>
> *Je me souviens encore de ce matin de juin (…) alors que rien n'avait apparemment changé par rapport aux jours précédents, je me sentis tout d'un coup saisi d'une brusque émotion, une émotion inexplicable, comme si j'assistais à une nouvelle naissance du monde. »*

À la manière de…

Étape 1 : un court paragraphe *(5 minutes)*

Nous allons commencer à rechercher un instant comme celui qu'évoque cet extrait et à le décrire le plus simplement possible. Ce sera peut-être un moment où on était seul dans la nature, ou bien à la lecture d'une page, ou à l'écoute d'un morceau de musique. Une expérience où je ne sais plus que je sais, je ne sens plus que je sens : je sais et je sens tout simplement. Ce qu'on ressent dans ces instants, c'est que le sens n'est pas derrière la chose, ni au-delà, ni au-dedans, mais que la chose est simplement le sens qui a pris corps.

Il faudra alors décrire les ingrédients de ce moment avec le plus de précision possible : la lumière, les bruits, les mouvements.

> Dans la cour de collège, bruyante, soulevée par le bruit de la sonnerie, du portail grand ouvert, enfin, elles se sont retrouvées et s'embrassent tendrement. Pantalon jaune vif, ballerines, longs cheveux, même frange. Jeunesse tendresse vulnérabilité. Toutes ces vies qui se hâtent. Nous sommes la même pulsation. Soif, peur, amour, blessures. Le chant du monde, c'est nous.

Après la lecture des travaux, vous allez proposer de mettre ce paragraphe de côté, nous y reviendrons à la fin de la séance.

Étape 2 : tirage au sort *(3 minutes)*

Vous allez faire passer une boîte autour de la table, comportant de petits feuillets placés à l'envers, pour qu'on ne puisse les lire. Vous aurez inscrit un haïku sur chacun d'entre eux, recopié bien sûr dans un recueil de haïkus, comme *Fourmis sans ombre* de Maurice Coyaud, par exemple, ou parmi les exemples cités ci-dessus. Après y avoir jeté un œil, il est possible qu'un participant demande à changer ; cela ne pose évidemment pas de problème.

Étape 3 : aller-retour *(5 minutes)*

Tout en continuant bien à cacher le haïku inscrit sur le feuillet, chacun va s'efforcer de le traduire en un paragraphe dans le genre de celui qu'il vient d'écrire au cours de l'étape 1.

Haïku tiré au sort :

> *Dans la rosée blanche,*
> *Je m'exerce*
> *Au paradis.*

Issa

Il est matin et l'air est encore frais. Je suis sorti pieds nus dans l'herbe. La rosée monte le long de mes jambes. Toute cette vapeur blanche autour des herbes, des arbres, des feuilles… Comment contenir autant de lumière ? J'ai envie de danser dans le petit matin.

Ou encore :

> *Au clair de lune*
> *Je laisse ma barque*
> *Pour entrer dans le ciel.*

Ryôkan

J'avance dans le silence, vers le milieu du lac où la lune se reflète. Ma barque avance toute seule sous l'impulsion du dernier coup de rame. Le ciel m'aspire. Je me laisse faire. J'emprunte une voie royale.

Étape 4 : retour à la forme du haïku *(5 minutes)*

Chacun va lire son paragraphe et, immédiatement après, les autres écrivants vont essayer de transformer le texte qu'ils viennent d'entendre en haïku !

C'est un exercice très difficile pour nos esprits enterrés dans des pensées, schémas, systèmes et obsessions divers !

Il faut essayer de trouver la fraîcheur de l'instant, la totale disponibilité aux sensations, aux émotions présentes. Un truc, tout de même, que vous pouvez dire au groupe : il faut bannir tous les mots abstraits ou conceptuels, du genre « sérénité », « poésie », « désespoir », « immensité », etc., tous ces mots qui font un détour par la case « je me regarde en train de… » avant de ressentir nos perceptions du monde.

Pour le premier exemple :

> Il est matin et l'air est encore frais. Je suis sorti pieds nus dans l'herbe. La rosée monte le long de mes jambes. Toute cette vapeur blanche autour des herbes, des arbres, des feuilles… Comment contenir autant de lumière ? J'ai envie de danser dans le petit matin.

Voici le haïku obtenu en atelier :

> L'herbe mouillée de rosée
> Me parle
> De jeunesse.

Pour le deuxième exemple :

> J'avance dans le silence, vers le milieu du lac où la lune se reflète. Ma barque avance toute seule sous l'impulsion du dernier coup de rame. Le ciel m'aspire. Je me laisse faire. J'emprunte une voie royale.

Voici le haïku correspondant :

> Le ciel dans le lac
> Ma barque,
> Dans le ciel.

Vous pouvez aussi leur dire qu'ils peuvent s'y reprendre à plusieurs fois, et écrire plusieurs haïkus pour un même texte.

Étape 5 : retour au haïku initial japonais

À la fin du tour de table, celui qui aura proposé son paragraphe à transformer va lire le haïku de départ, inscrit sur son petit feuillet et soigneusement caché jusque-là. La boucle se referme. Cette dernière étape confère un caractère ludique à la séance, faite d'allers et retours successifs mais jamais répétitifs.

Inutile de dire le formidable appel d'air, la brise qui d'un seul coup balaie et décoiffe toutes les têtes ! Après toutes ces recherches, le haïku apparaît encore plus frais, plus lumineux, plus nu. C'est un merveilleux moment de communication. On découvre le minuscule et merveilleux germe qui a permis une telle floraison de sensibilités… et on approche de l'incroyable complexité, l'incroyable richesse d'un seul instant !

Étape 6 : lecture du paragraphe, écriture du haïku et lecture des haïkus *(15 à 25 minutes par paragraphe à transformer en haïku)*

À tour de rôle, chacun va donner le tout premier paragraphe qu'il a écrit au cours de l'étape 1, et que nous avons mis de côté. Sa lecture va alors donner lieu à une gerbe de haïkus puisque chacun écrira un haïku à partir du paragraphe donné ! Bien sûr il ne faut pas que le groupe soit trop important, car il faut compter 5 à 10 minutes pour la lecture du paragraphe et l'écriture des haïkus, 5 à 10 minutes pour les lectures des productions, 5 minutes pour la lecture du haïku final et les remarques qui ne manqueront pas de suivre, tout cela (15 à 25 minutes) multiplié par le nombre des participants.

Si on manque de temps, on pourra se contenter de proposer à chacun de transformer son propre paragraphe en un haïku, et s'arrêter là.

> Dans la cour de collège, bruyante, soulevée par le bruit de la sonnerie, du portail grand ouvert, enfin, elles se sont retrouvées et s'embrassent tendrement. Pantalon jaune vif, ballerines, longs cheveux, même frange. Jeunesse tendresse vulnérabilité. Toutes ces vies qui se hâtent. Nous sommes la même pulsation. Soif peur amour blessures. Le chant du monde c'est nous.

Ce paragraphe a donné, en haïku :

> Tant de soif au cœur
> Jeunes ou vieux
> Nous vivons

Ou encore :

> Légères les jeunes filles
> Si graves
> Nos regards

Du point de vue de la communication interpersonnelle, cette séance est d'une rare richesse : la cascade d'interprétations à partir de ces trois petites lignes donne à voir chaque personne comme un véritable univers. Notre expérience est la lumière qui fait scintiller les joyaux du haïku, et il se trouve là au milieu d'un cercle de petits soleils ! En même temps, les temps de lecture permettent de voir l'immensité de nos différences, et de l'apprécier. Il est extrêmement libérateur de se rendre compte que ce qui nous rend aptes à échanger est notre singularité. Le décor social tombe ! Qui chercherait à faire croire que le salut est dans l'uniformité, qu'il faut absolument rentrer dans le moule, faire partie du même corps ? Non ! En cet instant, on prend conscience de la fécondité des rapports sociaux fondés sur la singularité de chacun. « Un seul cœur dans des corps différents », préconisait à ses disciples Nichiren Daïshonin, moine japonais du XIIIe siècle, fondateur de l'école du Sutras du Lotus.

C'est peut-être dans la valorisation de cette différence que se trouve le secret de l'autonomie de chacun. C'est probablement aussi dans cette autonomie que se trouve un secret de la paix sociale !

Cette séance est extrêmement simple à mettre en œuvre et les écrivants font des progrès immédiats : à la fin de l'activité, on finit par avoir de véritables haïkus. Grâce au rythme enlevé de l'alternance entre les différents types d'activité, on ne s'ennuie ni ne se lasse. Chaque effort se fait sur un temps très court et l'échange imbibe littéralement les temps d'écriture. C'est aussi pour cette raison qu'il est préférable que vous expérimentiez la méthode au cours d'un stage avant de l'utiliser avec des écrivants.

Célébration

Le Parti pris des choses, Francis Ponge
Sourates, Jacques Lacarrière

Pour se lancer

Reprenez l'activité de la séance 5 du cycle I autour des *Notes de chevet* de Sei Shônagon. Ce travail d'inventaire préparera à cet esprit de célébration du vécu.

La pratique de la célébration suppose de s'enfoncer dans une contemplation active et amoureuse de la réalité même en y entrant par la porte étroite de la banalité. C'est « l'intime défi » de Francis Ponge dans *Le Parti Pris des Choses* : regarder le présent et lui donner la même lumière que s'il appartenait au passé, trouver en l'écrivant « des raisons de vivre heureux », ce qui est selon Ponge la seule vraie raison d'écrire.

> *« Voici l'intime défi : vivre le présent avec la même phosphorescence que s'il était passé, donner l'auréole de l'inaccessible à ce qui est là, "ici-haut" ».*

Présentez ainsi « L'huître » ou « La porte » dans *Le Parti pris des choses*, ou les *Sourates* de Jacques Lacarrière, en particulier, la « Sourate de l'herbe ». Le terme « sourates, employé par les musulmans pour désigner un verset du Coran, associe cette forme à l'idée de révélation divine : c'est l'exaltation du réel par le langage, la vision de la perfection dans le monde créé, ainsi qu'en parle Jacques Lacarrière lui-même :

> « (…) j'emploie ce terme pour dire que ces textes sont nés de l'écoute attentive, instinctive aussi – et souvent même émerveillée – de toutes ces voix du monde environnant… Je ne connais pas d'autre voie pour vivre en moi la spiritualité que de l'affronter chaque jour aux aléas du monde. »

Voici justement un extrait d'une de ces *Sourates*, la « Sourate de l'herbe » :

> « *Presque invisible – ou au contraire exaspérante – à force d'être là. À force de pousser partout sans que jamais on la voie croître. Sans le moindre complexe. Bonne ou mauvaise, elle pousse. Indifférente au bien, indifférente au mal. Elle n'est sur terre que pour cela : s'étaler, s'insinuer, s'immiscer. Avec une obstination qui défie les siècles et les ères car elle est sur la terre depuis des temps immémoriaux. D'étranges mammifères (…) la paissaient bien avant que l'homme apparaisse sur terre. Elle fut pendant des millions d'années la nourriture des herbivores. Elle fut – elle est toujours – toute la rumination du monde. (…)*
>
> *Herbivores, carnivores, ruminants, digérants, nomades, sédentaires, nous sommes tous des enfants de l'herbe.* »

Afin de sensibiliser encore davantage les participants à cet art de la célébration, vous pouvez également citer cet extrait tiré du *Parti pris des choses* de Francis Ponge – un passage intitulé « Escargots », comme vous pourrez vous en rendre aisément compte :

> « *Seul, évidemment, l'escargot est bien seul. Il n'a pas beaucoup d'amis. Mais il n'en a pas besoin pour son bonheur. Il colle si bien à la nature, il en jouit si parfaitement de si près, il est l'ami du sol qu'il baise de tout son corps, et des feuilles, et du ciel vers quoi il lève*

*si fièrement la tête, avec ses globes d'yeux si sensibles ; noblesse, len-
teur, sagesse, orgueil, vanité, fierté.*

*(…) Rien n'est beau comme cette façon d'avancer si lente et si sûre
et si discrète, au prix de quels efforts ce glissement parfait dont ils
honorent la terre ! Tout comme un long navire au sillage argenté. »*

À la manière de…

Après cette première approche, aux écrivants de jouer. Il faut choisir
un objet très courant et le présenter comme si on ne l'avait jamais
vu, tout en connaissant son histoire « de l'intérieur ». Pas de rêverie
ni de symbolisme, rien que de la *vigilance,* c'est-à-dire un état de
veille.

Vous pouvez proposer des objets à célébrer si les écrivants restent
perplexes : le tire-bouchon, le chocolat, le pissenlit, la poire de
douche, l'arbre, l'encre, la langue, une gomme, un grain de sable,
l'index, etc.

> La langue
> Quand on la regarde dans la glace, on a parfois peine à com-
> prendre qu'elle est nous. Elle s'enfle, se creuse, comme une ané-
> mone de mer. Elle peut s'étirer en fin fuseau, devenir presque dure.
> Dans notre bouche, elle frôle chaque muraille de dents. Le bout
> frappe en cadence les dents du haut quand nous chantons la la la
> la. D'ailleurs, pour former des mots, c'est le bout qui s'agite en tous
> sens. Le fond reste placide et plat au fond de la gorge, ne vibrant
> que pour les r. Pour le plaisir, ce sont les côtés qui agissent. Plaisir
> gustatif, s'entend, car le plaisir tactile du baiser, lui, s'étend sur toute
> sa surface. Les capteurs du goût font rêver notre langue. Le des-
> sous, c'est le plan subconscient : il communique directement avec
> la totalité de notre sang, branché directement sur le tout. Notre
> langue est ce qui nous rend l'extérieur délicieux, ce qui délivre en
> nous les mots et les chants.

Le regard de l'étranger

L'Ingénu, Voltaire
Les Lettres persanes, Montesquieu
Le Petit Prince, Antoine de Saint-Exupéry

Il s'agit d'expérimenter cet acte d'énonciation très complexe qu'est l'ironie. L'ironisant contourne le censeur en masquant son propos de telle sorte qu'il ne soit compris que par des destinataires aussi rusés que lui.

L'acte d'ironie par excellence est d'emprunter le regard d'un être totalement neuf qui ne racontera que ce qu'il voit, en faisant ressortir les aspects incongrus, ceux qui peuvent faire s'interroger sur la validité de certains comportements sociaux.

La rencontre entre le petit prince et le serpent dans le désert et le dialogue qui s'ensuit peut mettre les écrivants sur la voie de cette posture de l'étranger ; le serpent est craint, partout sur la Terre, et pourtant, son seul aspect n'a rien d'effrayant, comme ne manque pas de lui faire remarquer ce petit homme si singulier :

> *« — Tu es une drôle de bête, lui dit-il enfin, mince comme un doigt...*
> *— Mais je suis plus puissant que le doigt d'un roi, dit le serpent.*
> *Le petit prince eut un sourire :*
> *— Tu n'es pas bien puissant... tu n'as même pas de pattes... tu ne peux même pas voyager... »*

À la manière de…

Proposez par exemple d'entrer dans la peau du Huron de Voltaire, du Persan de Montesquieu ou du Petit Prince de Saint-Exupéry et montrez comment la voix de l'Étranger prend en charge une certaine logique dégagée des codes civilisés.

Proposez alors aux participants de décrire en toute innocence, sur le thème de l'étrangeté :

– un match de foot,
– une salle d'attente de dentiste,
– un cours d'aérobic,
– une boîte de nuit,
– une séance de thérapie,
– le rassemblement des fumeurs devant un bar,

et autres situations quotidiennes de toutes sortes. On pourra imaginer emprunter le regard d'un aborigène.

Attirez l'attention sur l'impossibilité pour l'aborigène de nommer ce qu'il voit. Procédez donc au préalable à quelques exercices de périphrases, de métaphores, de comparaisons.

> Pour désigner un aspirateur…
> Périphrase : une sorte de chose ronde et sonore qu'on promenait dans toute la case.
> Métaphore : un tamanoir à très long nez qui hurlait dans toute la case.
> Comparaison : un animal au cri plus aigu que celui de la girafe au temps des amours.
> Terme générique : un gros objet.

Chacun peut donc à tour de rôle proposer un objet usuel et chaque membre du groupe utilisera pour le désigner un des procédés ci-dessus.

Proposez aussi une structure en deux parties :

– l'approche du phénomène,

– la participation à la manifestation évoquée.

Les participants liront leur travail à l'issue de la première partie, de façon à ne pas se trouver trop longtemps seuls face à leur production. La lecture de leurs travaux et l'écoute des autres textes constitueront un tremplin efficace pour ce premier travail un peu long.

Chez le dentiste

Pourquoi la Vieille Bienveillante m'avait-elle demandé de m'asseoir là et d'attendre ? Elle m'a montré l'ouverture et m'a dit que je devais passer là après les autres.

Est-ce une coutume ? Est-ce un défunt à qui nous venons rendre hommage ?

Nous sommes trois dans la hutte. Aucun bruit ne nous parvient du dehors. Qu'attendons-nous ? Cela doit pourtant bien être quelque chose comme un rite funéraire car mes deux compagnons ont l'air très tristes, et rien pour les habitants de ce pays n'est plus triste que la mort, la Vieille Bienveillante me l'a expliqué. Ici, on ne danse pas quand quelqu'un passe au Grand Monde.

C'est bien cela : celui qui vient d'entrer est entièrement vêtu de blanc. Je me lève respectueusement, mais il me fait signe d'attendre et fait entrer un des deux autres. Je me rassieds. Ce doit être un mort très puissant pour qu'il ne soit permis de l'honorer qu'un par un.

Les bruits qui nous parviennent alors sont étranges. Ce n'est pas une musique, c'est un ronflement monstrueux, un bruit qui blesse le cœur.

Faites un premier tour de table, puis écrivez la deuxième partie.

Voilà que le prêtre s'avance à nouveau. Il fait entrer l'autre personne et me laisse seul avec un malaise qui commence à grandir. Qu'a-t-on fait de l'autre ? Pourquoi n'est-il pas ressorti ? D'horribles images me reviennent en mémoire, de très anciens chefs qu'on enterrait avec des serviteurs… Le bruit recommence, encore plus fort que tout à l'heure, un son plus tranchant qu'un silex.

Le prêtre me fait enfin signe d'entrer. Je regarde autour de moi. Les murs sont lisses et blancs, comme dans un cauchemar. Mais le pire, c'est que mes compagnons se sont volatilisés.

Il me fait signe de m'asseoir. Deux mains froides et dures m'enserrent la tête. Je me sens soudain soulevé, basculé, étendu, livré dans l'attitude de l'immolation. Le prêtre se penche sur moi et tente de m'ouvrir la bouche : il veut m'arracher la langue ! Je pousse un hurlement et je bondis. Le ciel est là, tout proche, d'une couleur étrange, je plonge. Mon crâne rencontre une chose dure et transparente qui diffuse une lumière aveuglante. Je hurle.

126

Effets de focalisation

***Bouvard et Pécuchet*, Gustave Flaubert
L'Étranger, Albert Camus
Le Crime de Lord Arthur Savile, Oscar Wilde**

Cette séance va être consacrée à l'exploration des effets de point de vue. Nous y aborderons la notion de focalisation. La focalisation signifie littéralement « foyer du regard » : c'est le lieu d'où la scène est regardée. La focalisation peut être externe, interne ou « zéro ».

La focalisation externe

Le lecteur voit tout de l'extérieur, à la manière d'une caméra qui n'enregistrerait que les actions, comme un témoin externe. La narration reste totalement neutre et totalement exempte de toute présence du narrateur. Le personnage en sait donc plus que le lecteur, qui ne voit les faits que de l'extérieur.

L'exemple le plus couramment cité de focalisation externe est l'incipit de *Bouvard et Pécuchet* de Flaubert, avec la rencontre célèbre entre les deux hommes :

> « *L'un venait de la Bastille, l'autre du Jardin des Plantes. Le plus grand, vêtu de toile, marchait le chapeau en arrière, le gilet déboutonné et sa cravate à la main. Le plus petit, dont le corps disparais-*

sait dans une redingote marron, baissait la tête sous une casquette à visière pointue.

Quand ils furent arrivés au milieu du boulevard, ils s'assirent à la même minute, sur le même banc.

Pour s'essuyer le front, ils retirèrent leurs coiffures, que chacun posa près de soi ; et le petit homme aperçut écrit dans le chapeau de son voisin : Bouvard ; pendant que celui-ci distinguait aisément dans la casquette du particulier en redingote le mot : Pécuchet. »

La focalisation interne

Le lecteur se trouve cette fois-ci *dans la peau* d'un personnage. De ce fait, toutes les perceptions de l'extérieur, tous les sentiments évoqués sont ceux du personnage. La perception est donc subjective et fragmentée ; le lecteur est aussi renseigné que le personnage.

Dans cette technique narrative, le lecteur peut se trouver à l'intérieur d'un personnage impliqué dans l'intrigue, un protagoniste de l'histoire : on dira à ce moment-là que la narration est intradiégétique, c'est-à-dire littéralement « à l'intérieur du discours ».

L'incipit de *L'Étranger* d'Albert Camus est un exemple de cette focalisation interne dite intradiégétique :

« Aujourd'hui, maman est morte. Ou peut-être hier, je ne sais pas. J'ai reçu un télégramme de l'asile : "Mère décédée. Enterrement demain. Sentiments distingués."

Cela ne veut rien dire. C'était peut-être hier. »

À l'inverse, le lecteur peut se trouver à l'intérieur d'un personnage qui existe bel et bien en tant que personnage mais qui se trouve un simple témoin de l'histoire, qui n'y joue aucun rôle d'actant. On dira à ce moment-là que la narration est extradiégétique.

La focalisation zéro ou omnisciente

Le narrateur sait absolument tout sur tout le monde, tous les aspects de la situation, tous les personnages. Il connaît leurs pensées, leurs sentiments, leur passé, leur avenir et il peut se trouver dans plusieurs lieux en même temps.

Le regard vient donc de tous les côtés à la fois, c'est la raison pour laquelle on dit qu'il n'est pas focalisé. Ce serait le point de vue de Dieu qui sait tout sur ses créatures. C'est donc une vision totale, à la fois subjective (un créateur peut se permettre d'avoir un avis sur sa créature) et exhaustive. Ici, le lecteur en sait plus que les personnages. Tous les contes traditionnels sont écrits en focalisation zéro.

Voici un extrait du *Crime de Lord Arthur Savile* d'Oscar Wilde en focalisation zéro :

> *« C'était la dernière réception de Lady Windermere, avant le printemps. Bentinck House était, plus que d'habitude, encombré d'une foule de visiteurs. (…) Certes, il y avait là un singulier mélange de société : de superbes pairesses bavardaient courtoisement avec de violents radicaux. Des prédicateurs populaires se frottaient les coudes avec de célèbres sceptiques. Toute une volée d'évêques suivait, comme à la piste, une forte prima donna, de salon en salon. Sur l'escalier se groupaient quelques membres de l'Académie royale, déguisés en artistes, et l'on a dit que la salle à manger était un moment absolument bourrée de génies. Bref, c'était une des meilleures soirées de Lady Windermere et la princesse y resta jusqu'à près de onze heures et demie passées. »*

À la manière de…

Une fois que vous aurez expliqué ces différents choix narratifs, vous allez demander à chacun de trouver une situation, une courte scène, à grands traits, sur le mode du canevas rudimentaire comme suit.

> Un dimanche soir, des parents séparés se sont donné rendez-vous à la terrasse d'un café pour le passage de relais auprès de leur

enfant. Ils se disputent un peu autour de l'enfant, une petite fille, qui, elle, s'absorbe dans la contemplation de son verre de menthe à l'eau. À un moment, l'enfant jette son verre plein à terre.

Vous pouvez aussi lire une petite scène de théâtre que les participants résumeront en un court paragraphe.

Vous allez à présent proposer de passer la situation à travers le prisme des différents modes de narration que vous venez de présenter. Faites précéder chaque temps d'écriture d'un rappel de la notion ainsi que de la lecture des exemples de production.

Étape 1 : en focalisation externe *(5 minutes)*

Commencez par l'exercice en focalisation externe : vous pouvez donc demander aux écrivants d'imaginer le point de vue d'un narrateur non identifié qui doit se contenter de relater les signes qu'il perçoit sans appréhender la réalité totale du phénomène qu'il décrit. Par exemple, le narrateur épouse le point de vue d'un témoin qui se trouve à l'autre bout de la salle, qui n'entend pas les propos des protagonistes et qui est réduit à faire des suppositions fondées sur leur gestuelle.

> Assise à la terrasse d'un café, une petite fille regardait le fond de son verre, tandis que ses parents échangeaient des paroles aigres au-dessus de sa tête. Soudain, l'enfant empoigna le verre et le fracassa sur la terrasse.

Étape 2 : en focalisation interne intradiégétique *(20 minutes)*

Cette étape est plus longue car la focalisation interne présente des subtilités plus grandes qu'il convient d'explorer plus avant en atelier d'écriture.

Commencez par proposer aux écrivants de travailler sur la focalisation interne intradiégétique. La scène est écrite du point de vue d'un héros ou d'un protagoniste de l'histoire. C'est donc un point de vue subjectif, tout teinté du ressenti du personnage mais dont sera absent tout ce qui pourra être perçu par les autres personnages (en particulier ce qui concerne l'apparence du héros en question, à moins d'avoir recours à un artifice comme celui du miroir).

Ici, nous allons procéder à un récit à la troisième personne, ce qui est tout à fait possible, même si le narrateur emmène le lecteur à l'intérieur du personnage.

> Eulalie soupire un peu. Elle est un peu fatiguée ; chez Papa, on se couche toujours un peu plus tard et puis ils n'ont pas déjeuné ce midi. Au fond de son verre, elle vient de remarquer une fourmi en train de se noyer dans quelques gouttes de menthe à l'eau. C'est vraiment ennuyeux de ne pouvoir rien faire pour elle. Ses parents se disputent un peu. Elle déteste les retours de week-end, la fourmi va bientôt mourir. Au fur et à mesure qu'elle glisse vers la mort, sa mère crie un peu plus aigu. Tout d'un coup la panique la prend : cela ne peut pas se finir ainsi sans qu'on n'ait rien tenté pour empêcher cette chose répugnante. Elle jette le verre par terre. Qui éclate et libère la fourmi. Ouf ! Elle l'a fait. Et comme un bonheur n'arrive jamais seul, ses parents se sont tus.

Variante : le narrateur est le personnage

Toujours dans la focalisation interne et intradiégétique, nous allons faire un pas de plus vers l'identification au personnage. Cette fois-ci, le personnage et le narrateur seront une seule et même personne. Votre récit va donc se dérouler à la première personne du singulier. Vous allez donc devoir essayer de mouler votre expression à celle de la petite fille en un monologue intérieur complètement centré sur son ressenti.

> Tu étais tombée au fond de mon verre sans que j'aie vu comment. Tu patinais, tu ne voulais pas te laisser noyer, tu mettais toute ton ardeur de vie à essayer de remonter.
> Au-dessus de ma tête, mon père et ma mère se disputaient, toujours à propos des dates de week-end, je crois, ou du pyjama que j'ai oublié chez Papa. Et toi, pendant ce temps, tu continuais avec tes petites pattes, avec ton cœur cognant la chamade, tu continuais à te battre.

Les parois du verre m'empêchaient de te venir en aide, mon ongle était trop loin au-dessus de ta tête. Et puis il y avait les cris de ma mère, les silences de mon père, leur plaisir à se détester. Je te regardais te débattre et j'étais ton amie. Je n'ai pas supporté l'idée que tu allais mourir. Toi, tu voulais vivre et c'est pour ça que j'ai jeté le verre. Toi et moi, cette fois-ci, nous avons gagné.

Étape 3 : en focalisation interne extradiégétique *(10 minutes)*

Passez ensuite à l'exploration du récit de cette scène en focalisation interne extradiégétique. La scène est vue par un témoin extérieur au drame qui se joue (extradiégétique) mais néanmoins présent dans la fiction (principe de la focalisation interne). Le personnage n'étant pas directement concerné par les événements, le point de vue aura alors des chances d'être un peu plus objectif, quoiqu'il faille être très prudent avec la notion d'objectivité : même un témoin extérieur éprouve des sentiments subjectifs devant une scène qui ne le concerne pas ! Il sera donc contraint d'imaginer ce qu'il ne sait pas, il réagira à la scène en fonction de sa propre histoire, de sa propre sensibilité. C'est donc une narration très différente de celle du point de vue externe qui est complètement détachée des événements racontés.

Il regardait la petite depuis un moment. Elle semblait absorbée par un spectacle douloureux qui se serait passé dans son verre de menthe à l'eau. Évidemment, cette concentration devait être feinte, tout occupée qu'elle était à s'abstraire des propos qui voletaient au-dessus de sa tête. Quelques-uns d'entre eux, dits sur un ton plus aigu, parvenaient à ses oreilles : «week-end», «dimanche soir», «deux fois de suite», «pension alimentaire», «pyjama perdu». Soudain, comme mue par un ressort, l'enfant s'était levée, avait saisi son verre et l'avait jeté sur la terrasse devant ses parents médusés. Il s'était alors discrètement détourné, attristé par cette révolte d'enfant au centre de cet imbroglio d'adultes blessés.

Étape 4 : en focalisation zéro *(10 minutes)*

Terminez cette exploration des différents foyers narratifs en faisant écrire le texte en focalisation zéro. Ici, il n'existe plus de foyer de regard : le regard vient de partout à la fois. C'est le point de vue omniscient, parfaitement renseigné sur le ressenti, le passé, l'apparence et même l'avenir de tous les personnages.

> Elle était tombée dans le verre de menthe ! Elle ne s'était pas méfiée tant le parfum qui s'exhalait de cette substance verte était sucré. Les parois étaient si lisses et si verticales que son propre poids l'avait entraînée. Elle se débattait à présent, luttant contre une mort incompréhensible. La petite fille navrée la regardait, fascinée par l'agonie et ne sachant comment la sauver sans s'attirer de réprimandes pour avoir trempé le doigt dans son verre. Son instinct d'ailleurs l'avertissait qu'elle n'avait aucun intérêt à attirer l'attention sur elle lorsque ses parents se disputaient comme chaque fois qu'elle revenait de chez son père. Sa mère, ulcérée par la désinvolture de son ex-mari, tempêtait sans relâche, tandis que son père, trop triste pour répondre, se contentait de lancer quelques remarques judicieusement méchantes. Comme le soleil se disposait à se coucher sans que rien ne vienne enrayer le drame, la petite fille bondit sur ses jambes et lança le verre à toute volée sur la terrasse où il sema une certaine confusion parmi les buveurs de Kir et de bière-picon. Éberluée, la fourmi désenglua ses pattes et se traîna laborieusement entre les blocs de verre brisés, tandis que la petite, soulagée, revint s'asseoir entre ses parents devenus enfin silencieux.

Évidemment, chaque texte doit être lu avant d'écrire le suivant et vous devez inviter l'auditoire à vérifier la rigueur des choix en matière de focalisation.

Le travail est moins facile qu'il n'y paraît mais il a le mérite d'entraîner à la fois les facultés imaginatives et le sens de la cohérence du discours. Ce type de cohérence est d'ailleurs un des critères qui distingue le texte littéraire du texte non littéraire : même « bien » écrit, un texte qui ne se soucierait pas de la clarté de ses choix en matière de focalisation reste toujours inefficace.

Exercices de style

 *Exercices de style*, **Raymond Queneau**

Le recueil de Raymond Queneau *Exercice de style* a connu un extraordinaire succès en racontant quatre-vingt-dix-neuf fois, de quatre-vingt-dix-neuf manières différentes la même banale anecdote.

Pour expliquer une altercation banale entre deux voyageurs d'un même bus, Queneau entreprend un voyage réjouissant dans la langue française. En voici quelques courts extraits :

« Notations

Dans l'S, à une heure d'affluence. Un type dans les vingt-six ans, chapeau mou avec cordon remplaçant le ruban, cou trop long comme si on lui avait tiré dessus. Les gens descendent. Le type en question s'irrite contre un voisin. (…)

Métaphoriquement

Au centre du jour, jeté dans le tas des sardines voyageuses d'un coléoptère à grosse carapace blanche, un poulet au grand cou déplumé harangua soudain l'une, paisible, d'entre elles et son langage se déploya dans les airs, humide d'une protestation. (…)

Vulgaire

L'était un peu plus dmidi quand j'ai pu monter dans l'esse. Jmonte donc, jpaye ma place comme de bien entendu et voilàtipas qu'alors jremarque un zozo l'air pied, avec un cou qu'on aurait dit un télescope et

*une sorte de ficelle autour du galurin. Je lregarde passque jlui trouve
l'air pied quand le voilàtipas qu'ismet à interpeller son voisin. (…) »*

À la manière de…

Sans atteindre la virtuosité de Queneau, on peut s'amuser à tester les
différentes approches d'une même situation.

1) Banalité. Chacun choisit une scène très courte, au point 0 de la
banalité et la relate platement.

> Un jeune homme entre dans une boulangerie et y achète une
> baguette de pain.

À partir de là, vous allez proposer une version différente à chaque étape
de l'atelier. À chaque fois, vous expliquerez brièvement, lirez l'exemple
de production donné ci-dessous, laisserez 5 mn pour la rédaction, et
procèderez immédiatement à la lecture en tour de table.

J'ai prévu 1 heure pour l'activité, mais si votre groupe se prend vraiment au jeu au point d'écrire chaque fois pendant 10 mn, l'activité
pourra prendre 2 heures.

2) Subjectivité. On décide ensuite de raconter cette même scène sur
le mode subjectif, c'est-à-dire en animant son regard, en lui donnant
l'âme d'un des protagonistes de l'histoire.

> Ce que j'avais mal aux jambes, ce matin-là ! En plus le froid n'arran-
> geait rien, pas moyen de garder un peu de chaleur avec les clients
> qui entrent et qui sortent continuellement ! Mais enfin, quand Il est
> arrivé, comme tous les jours, je n'ai plus rien senti, ni la douleur
> ni le froid. Il m'a demandé une baguette, j'attends toujours qu'il la
> demande, rien que pour entendre le son de sa voix. Puis je réponds
> toujours : «Pas trop cuite ?» et il répond en souriant : «Oui, c'est
> ça…». Nous nous regardons en souriant et c'est bon comme le
> printemps. Et puis Il s'en va. Et il me laisse son sourire jusqu'au
> lendemain. Cela va faire dix ans qu'il vient ainsi chaque jour me
> donner le soleil de vingt-quatre heures.

Bien sûr, il sera intéressant de proposer ensuite l'autre subjectivité, c'est-à-dire le monologue intérieur de l'autre personnage.

3) Précision. Il s'agira cette fois de narrer l'histoire avec une débauche de détails d'une précision mathématique.

> Le quatre mai 2010 à onze heures quarante-huit minutes vingt-six secondes, un homme de un mètre quatre-vingt-cinq poussa la porte d'une boulangerie pendant deux secondes et cinq dixièmes et adressa neuf mots à la boulangère, une femme de trente-six ans trois mois deux jours dix heures. Elle opéra une rotation de quatre-vingt-douze degrés tandis que son pouls battait à quatre-vingts pulsations par minute et que l'homme chaussé de souliers âgés de deux ans six mois dix jours quatre heures produisait quatre millilitres de transpiration consécutives à la course de cent trois mètres quinze centimètres qu'il venait d'effectuer.

4) Hésitation. Raconter l'histoire en faisant apparaître toutes les hésitations d'un locuteur complètement amnésique.

> C'était… voyons, c'était l'hiver, le printemps, l'été? L'hiver, je crois… Cela se passait dans… une boucherie, une bijouterie, une armurerie? Plutôt un magasin de comestible… Où on vendait… des plans, des chaussettes, des baguettes? Peut-être du pain… oui c'est cela, du pain. Et alors, il est arrivé une girafe? un agent de police? un orang-outang? un évêque? Il me semble que c'était un être humain. En tous les cas, cela y ressemblait. Il a demandé… je ne sais plus ce qu'il a demandé, mais il est sorti avec des babouches? des asticots? des mouches? Et au fait, est-ce qu'il est vraiment ressorti? Et à l'intérieur, il y avait… un squelette? une banane? une pivoine? Une femme peut-être…
> Oui, peut-être une femme.

5) Exclamation. L'histoire devra cette fois présenter une sorte d'hypertrophie du sens, chacun de ses éléments devant sembler absolument ahurissant au locuteur.

> Ça alors! Ce qu'il faisait froid ce matin-là! Il était grand, mais grand, ce particulier! Figure-toi qu'il est entré dans la boulangerie!

Et tu sais ce qu'il a demandé? Non, je te le donne en mille! Une baguette! Tu te rends compte? Une baguette! Dans une boulangerie! Mais le plus beau, vois-tu, le plus beau, c'est qu'elle lui en a vendu une, sans sourciller!

6) Injurieux. Le locuteur doit être complètement ulcéré par ce qu'il raconte.

Ce matin-là, plus blême encore que les autres matins, une espèce de grand flandrin complètement ahuri est entré dans cette boulangerie crasseuse pour acheter de quoi remplir sa panse déjà trop lourde de quidam inutile et content de soi. La boulangère, une truie rose et fardée, a roulé son énorme derrière lubrique pour lui servir un truc infâme et complètement rassis, qu'elle a eu le culot de lui faire payer!

7) Laudatif. À l'inverse, c'est un locuteur charmé, ravi qui va raconter l'histoire.

Un jour clair et froid se levait. Dans la boulangerie que les premiers rayons du soleil irisaient, elle le vit entrer et un sourire d'ange illumina soudain son visage. L'odeur de pain frais s'échappa dans la rue. Ils se regardaient, échangeant des petits mots banals et merveilleux: «baguette… pas trop cuite… merci…», qui fleurissaient entre leurs lèvres comme des mots d'amour. C'était l'instant exact où la vie est parfaite, où la rue est une idée du Bon Dieu, où chaque chose se trouve au centre d'un univers heureux. Miracle quotidien de la vie des bien-portants.

8) Zoologique ou botanique. L'histoire sera cette fois truffée de métaphores végétales ou animales.

Il est venu un grand concombre, blanc comme un navet. Il ne voulait pas qu'on lui fasse une fleur, il demandait juste une baguette. Et cette courge de boulangère, rouge comme une tomate, lui a refilé sa camelote dure comme une coquille de noix. Il l'a payée, le cornichon!

9) Interrogatoire. L'histoire sera racontée sous la forme d'un interrogatoire un peu tendu.

— Il était quelle heure exactement?
— Onze heures, onze heures trente, je ne sais plus exactement.
— Comment est-il arrivé?
— À pied. Il marchait assez vite, je crois.
— Comment: «Vous croyez»? Il marchait ou il courait? Il avait l'air pressé?
— Non, non, simplement il marchait d'un bon pas…
— Bon, admettons. Et après?
— Après, il est entré.
— Entré où?
— Mais… dans la boulangerie, justement!
— Nous y voilà! Dans la boulangerie. Bon. Vous êtes formel?
— Ah, pour ça, oui! Moi, j'habite juste en face de la boulangerie.
— À votre avis, qu'a-t-il fait dans cette boulangerie?
— Je pense qu'il a dû acheter une baguette, il en avait une sous le bras en sortant.
— Tiens, tiens, sous le bras… Bon, c'est noté. Merci, Madame, ça ira. Suivant!

10) Vers libres. L'histoire fera l'objet d'un poème en vers libre. Le regard poétique devra donc s'ancrer dans certains détails et leur donner un éclairage plus vif.

Trajectoires éphémères
Et destins qui se croisent
Rose
La boulangère
Qui attend
Et s'ennuie
Gris
L'homme qui court
Et qui fuit
Qui fuit quoi
Qui fuit qui
Les regards se chevauchent
Et glissent l'un sur l'autre

Les âmes sont terrées
Et puis les mots frémissent
Et s'envolent
Les pièces ont roulé
La porte se referme.
Seule.

L'exercice fonctionne toujours bien, il est facile et permet de s'amuser à tourner autour de la fiction au gré de sa fantaisie.

Avec le tremplin de l'exemple donné, chacun va sans difficulté transformer son texte et faire rire son auditoire. D'une production à l'autre, les plumes seront de plus en plus déliées et chacun expérimentera cet état de fluidité si énergisant.

Permutation

***L'Aleph*, Jorge Luis Borges**
***Les Armes secrètes*, Julio Cortázar**

Le thème de la permutation est un thème fantastique moderne. L'indécidabilité liée au fantastique touche jusqu'à l'identité des personnages qui peuvent permuter : l'un devient l'autre tandis que l'autre devient l'un. On le retrouve dans bon nombre de nouvelles fantastiques, et notamment chez Borges, dans son célèbre recueil de nouvelles : *L'Aleph*.

Ici, nous allons l'explorer, non pour en faire un thème angoissant, mais au contraire pour se plonger dans le délice de l'identification. Sentir combien notre pensée est apte à habiter un autre corps et, au-delà, sentir à quel point nous sommes reliés aux autres êtres vivants par des liens quasi organiques.

Présentez brièvement le thème de la permutation en citant éventuellement des passages de *Nouvelles* de Borges (« Les Théologiens », « Ruines circulaires », « Le Guerrier et la Captive ») ou de Julio Cortázar (« Axolotl », « La Lointaine »).

Voici d'ailleurs un extrait de la nouvelle intitulée « Axolotl » tirée du recueil de Julio Cortázar *Les Armes secrètes* :

> *« C'est pour cela que ce qui arriva n'est pas étrange. Je collais mon visage à la vitre de l'aquarium, mes yeux essayèrent une fois de plus*

de percer le mystère de ces yeux d'or sans iris et sans pupille. Je voyais de très près la tête d'un axolotl immobile contre la vitre. Puis mon visage s'éloigna et je compris. Une seule chose était étrange : continuer à penser comme avant, savoir. Quand j'en pris conscience, je ressentis l'horreur de celui qui s'éveille enterré vivant. Au-dehors, mon visage s'approchait à nouveau de la vitre, je voyais ma bouche aux lèvres serrées par l'effort que je faisais pour comprendre les axolotls. J'étais un axolotl et je venais de savoir en un éclair qu'aucune communication n'était possible. Il était hors de l'aquarium, sa pensée était une pensée hors de l'aquarium. Tout en le connaissant, tout en étant lui-même, j'étais un axolotl et j'étais dans mon monde. »

À la manière de...

Étape 1 : choisir les deux protagonistes (*3 minutes*)

Tout est possible à partir du moment où un des personnages est un humain : deux êtres humains, un humain et un animal ou un végétal.

> Un homme et une huître, une femme et un chien, etc.

Invitez chacun à faire part de son choix lors d'un premier tour de table : ceux qui n'ont pas encore trouvé d'idée trouveront en écoutant les autres.

Étape 2 : travail sur la focalisation interne (*5 minutes*)

Le but de cette étape est d'installer le premier personnage choisi dans un récit à la première personne. Il est plus facile de partir de l'être humain. Au cours de cette étape, le premier personnage est seul, il n'a pas encore vu le second.

> Une femme et son chien.
> Départ : la femme.
> Que c'est bon, le soleil ! Surtout celui du printemps. Bien à l'abri du vent, je viens d'ôter mes vêtements et je bois la lumière. Une

vraie renaissance ! Je ferme les yeux. Au-dessus de mes paupières fermées, l'oiseau du printemps lance son trille, insistant, comme une bonne nouvelle qu'il faut absolument assimiler.

Invitez chacun à lire sa production en un second tour de table. Faites procéder à cette lecture à chaque étape : la lecture permet réellement à chacun une recharge d'énergie pour continuer.

Étape 2 : introduire le second personnage *(5 minutes)*

Il faut à présent décrire l'arrivée du second personnage dans le champ de perception du premier.

> Arrivée du chien.
> Je sens soudain une chose tiède sur mon épaule, une odeur caractéristique. Un halètement tout près de mon nez.
> — Pousse-toi !
> Il se recule mais continue de me couver des yeux en remuant la queue. Comme d'habitude, je fonds sous ce regard. Sa joie de vivre est si communicative ! Je tends la main vers lui. Il s'approche, sa langue pendant sur le côté.
> — Allez, couché. Couché là.

Étape 3 : jeu sensoriel *(5 minutes)*

Les participants vont devoir trouver une sensation commune aux deux personnages autour de laquelle la narration va pivoter et passer du premier personnage au second.

> La sensation d'un poids léger sur la tête.
> Je caresse sa tête en refermant les yeux. Je m'absorbe dans la douceur de son poil, juste sur le front. Il ne bouge plus. Je gratouille, éprouve la forme incurvée de son crâne. Il soupire d'aise. Puis je laisse aller ma main sur sa tête, inerte, je suis trop bien pour bouger ne serait-ce que le bout des doigts. Mon autre bras est replié sur ma tête. Le soleil me berce. Je me laisse faire. Le poids sur mon front est léger. Je pousse un profond soupir, attentif à ressentir chaque doigt qui y bouge imperceptiblement. Ma respiration se fait de plus en plus profonde.

Étape 4 : jeu sur la focalisation interne *(5 **minutes**)*

Le narrateur est à présent le deuxième personnage.

> Soudain, un bruit, tout près, un vrombissement. Une mouche ! Je sursaute et redresse la tête d'un seul coup, dans un élan pour l'écraser entre mes dents. Mes mâchoires ne rencontrent que le vide et claquent l'une contre l'autre. Je repose mon menton sur mes deux pattes de devant, les yeux encore ouverts, guettant les souffles du vent, les mouvements des branches et celui des insectes. Les odeurs. Qui m'emplissent. Me chavirent. Me dressent. Et d'abord son odeur à elle. Merveilleuse odeur d'humaine qui m'alanguit et m'enveloppe. Elle est là, et le monde, c'est elle. Elle me donne son âme, elle est ma croyance. Je m'endors dans le bonheur d'être un petit morceau d'elle.

Cette activité permet de s'appuyer sur cette zone si importante de l'intelligence émotionnelle : celle de l'empathie, faite pour moitié de sensibilité à ses propres émotions et sensations, pour moitié d'imagination. C'est un exercice d'empathie et c'est la raison pour laquelle les écrivants y trouvent beaucoup de plaisir. C'est même parfois troublant de constater à quel point il nous est facile d'imaginer le « ressenti » d'un autre être que nous-même.

Je serais

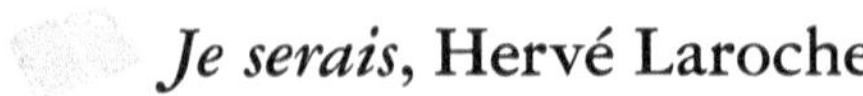 *Je serais*, Hervé Laroche

Voici un ultime jeu d'identification, avec le rire et la légèreté en plus.

Commencez par lire les extraits suivants de *Je serais* d'Hervé Laroche :

> *« Je serais l'univers, et le big-bang m'aurait bien fatigué.*
>
> *Je serais un moustique et j'aurais un plaisir tout spécial à piquer les humains aux endroits les plus sensibles, là où frottent les vêtements, dans le creux des membres, au bout des doigts ou sur les paupières. Ce serait bien sûr méchant mais rien ne le serait trop pour me venger de la baffe qui un jour me trouverait trop lent, trop lesté de sang. »*

À la manière de…

Étape 1 : liste d'identifications *(5 **minutes**)*

Proposez d'écrire une liste de titres possibles d'articles dans le goût de ceux que vous venez de lire. Sans réfléchir, en cédant au plaisir de la liste.

> Je serais…
> … une porte
> … une coccinelle
> … une carmélite
> … une vague

… un biberon
… un poteau de foot
… un bonbon
… un huissier de justice
… une trousse

Étape 2 : choix aléatoire *(15 **minutes**)*

Chacun va désigner une personne du groupe qui va choisir pour elle dans sa liste.

Ensuite, le mot d'ordre est de se laisser aller ! On peut se lâcher et rendre le rôle un peu odieux ou un peu absurde, si on en a envie.

Je serais une coccinelle et je battrais des ailes comme on bat des cils dès qu'on me susurrerait : « bête à Bon Dieu ». Il m'aurait fallu payer des pots-de-vin exorbitants à la création pour obtenir ma ravissante courbure rouge à poids noirs et ce vocable de bête à Bon Dieu, mais vraiment, je ne le regretterais pas, même sous les quolibets des autres insectes qui me traiteraient de lèche-bottes. Je me régalerais longuement du lait des pucerons et garderais à vie ma charge de messagère du ciel.

Je serais une Carmélite et je serais très heureuse de mon sort. J'aimerais le silence et le chuchotis de mes pas sur les dalles sombres, le dénuement, les heures d'immobilité. Mon visage serait devenu diaphane, la peau de ma poitrine complètement translucide et celle de mes genoux si épaisse qu'elle en serait presque insensible. Je serais juste un peu gênée de ne pas croire en Dieu, mais cela ne durerait jamais longtemps. Ce ne serait d'ailleurs pas indispensable parce que Dieu, lui, croirait très fort en moi.

Je serais une trousse et je serais toujours dérangée. Je me laisserais sans cesse fouiller, vider, oublier. Ce serait bien sûr inconfortable, mais je me dirais que c'est cela, vivre. Et puis je finirais par accéder au rang de mascotte, de fétiche, en me laissant patiner par le temps. Car j'aurais eu le bon goût d'appartenir à un enseignant, très soigneux et très superstitieux, comme le sont tous les gens en danger.

Je serais une vague et je serais née dans l'illusion d'être seule, née par hasard, appelée à mourir par hasard. Il me faudrait rouler tout au long d'une traversée sur un océan que j'ignorerais superbement, ivre de moi-même, appliquée à mon bouillonnement et à mon écume. J'arriverais enfin en vue des côtes et là, je sentirais venir la fin. Je me ferais plus petite, et puis je m'éteindrais sur le sable, pour redevenir enfin ce que j'avais toujours ignoré, cet océan immense qui était aussi moi. Plus tard, plus loin, je renaîtrais encore, je roulerais encore, insoucieuse de ma propre immensité.

Je serais un miroir et je réfléchirais trop. Je serais toujours obligé de dire la vérité, et j'aurais souvent peur d'en être brisé.

Je serais un biberon, tout heureux d'être moi, d'être aimé, chéri, tété. Je me laisserais chaque jour remplir et vider, à heures fixes, sans stress et sans angoisse. Je serais complètement justifié, incontournable, inaltérable, désirable. Je serais une des images les plus absolues du bonheur sur la terre.

La nouvelle épistolaire

***Inconnu à cette adresse*, Kressmann Taylor
84, Charing Cross Road, Hélène Hanff**

La nouvelle épistolaire est une nouvelle qui se raconte par le truchement d'un échange de courriers entre deux personnages.

Deux nouvelles très célèbres présentent deux traitements tout à fait différents du genre : *Inconnu à cette adresse*, de Kressman Taylor et *84, Charing Cross Road* d'Hélène Hanff.

La première raconte un drame terrible, en Allemagne, dans les premiers temps du nazisme. Les courriers échangés entre deux amis, l'un juif, l'autre nazi, ne sont que la petite partie visible d'un iceberg qui est une tragédie à la fois personnelle et historique. Tout est entièrement retenu dans une rigueur narrative absolue. C'est la nouvelle parfaite. Chaque mot est une maille du filet qui se resserre inexorablement. Chaque lettre constitue un palier nouveau dans l'intrigue. Les caractères des personnages importent moins que le grand jeu de forces gigantesques qui les traversent.

En voici un court extrait :

> *« Max, mon vieil ami,*
> *Mon Dieu, Max, sais-tu ce que tu es en train de faire ? (…)*
> *Te rends-tu compte que tu es en train de me détruire ? Les résultats de ta folie sont déjà terribles. On m'a révoqué de mon poste de fonction-*

naire. Heinrich a été renvoyé des Jeunesses hitlériennes sous le prétexte qu'il a une trop petite santé pour militer dans cette organisation. Dieu du ciel, Max, ne comprends-tu pas ce que cela signifie ? (…)

Oui bien sûr, je sais pourquoi tu as fait ça. Mais ne vois-tu pas que je ne pouvais pas intervenir ; que je n'ai même pas osé tenter d'intervenir ? (…) Veux-tu vraiment me coller le dos au mur et pointer une mitrailleuse sur moi ? Je t'en supplie, cesse. Désormais, c'est pour ma vie que je crains, Max. Pour ma vie. »

Dans *84, Charing Cross Road*, au contraire, rien de notable ne se passe en périphérie des courriers. C'est la relation qui s'y exprime qui semble être la quintessence de ces existences, qui vivent dans cet échange ce qu'elles ont peut-être de plus précieux et de plus singulier. Un grand sentiment les relie, les englobe, les anime. Ici, il s'agit de l'amour des livres, de cette sorte de fraternité active construite par la littérature.

Lisez ce court extrait afin d'aider les participants à comprendre l'atmosphère des lettres que s'échangent ces deux personnages :

« Cher Franck,

Voulais vous écrire le jour où j'ai reçu le Pêcheur, juste pour vous remercier, les gravures à elles seules valent dix fois le prix du livre. Quel monde étrange que le nôtre où on peut posséder une chose aussi belle à vie pour le prix d'un ticket dans un grand cinéma de Broadway, ou pour le 1/50 du prix d'une couronne chez le dentiste !

Enfin, si le prix de vos livres correspondait à leur vraie valeur, je ne pourrais me les offrir !

Vous serez stupéfait d'apprendre que moi qui n'aime pas les romans j'ai fini par me mettre à Jane Austen et me suis prise de passion pour Orgueil et Préjugés, *que je ne pourrai rendre à la bibliothèque avant que vous ne m'en ayez trouvé un exemplaire.*

Cordiales pensées à Nora et aux esclaves. »

Les écrivant n'auront probablement pas à faire le choix entre les deux modèles de progression. En effet, l'organisation de l'écriture à quatre mains va permettre à l'écrit de se ranger de lui-même dans l'une ou l'autre catégorie. Le phénomène de cette création conjointe est très étrange : d'un échange de courrier à l'autre, l'intrigue se tisse d'elle-même, dans une interaction dont les écrivants ne sont pas entièrement conscients.

À la manière de…

Étape 1 : inventaire *(5 minutes)*

Recommencez l'activité préliminaire de la séance 1 du cycle II : inventaire de ceux qui ont traversé ma vie.

Étape 2 : travail sur les biographèmes *(15 minutes)*

Chacun va lire sa liste de « celui qui », « celle qui » après y avoir été invité par un membre du groupe qui choisira dans cette liste un personnage, mais cette fois-ci, pour lui-même. À partir de ces quelques mots, chacun écrira une nouvelle série de biographèmes, cette fois-ci pour un être imaginaire. Demandez de laisser filer. La lecture des biographèmes de chaque membre du groupe aura « émulsionné » l'imaginaire de chacun, et il ne sera pas difficile de bâtir un personnage, « de bric et de broc ».

Pour aider à la compréhension, voici le mouvement à l'œuvre dans cette étape : A demande à B de lire sa liste de personnages, (celui qui, celle qui). À l'intérieur de cette liste, B choisit un personnage et écrit à son sujet une suite de biographèmes imaginaires, puisque lui, B, ne connaît pas cette personne dans la réalité.

Voici la série de biographèmes réalisée par une participante ayant choisi dans la liste d'un autre participant le personnage suivant : « Celui qui laissait le silence parler à sa place. »

Sa façon de n'en rien dire et de faire peser son silence
Le bleu savant sous les lignes inclinées de ses paupières
Son abstinence émotionnelle
La justesse de ses mots distillés au compte-gouttes

> Il tenait son fusil à la manière d'un rêveur.
>
> Non qu'il partait à la guerre la fleur au fusil, il ne partait juste-
> ment pas à la guerre mais à la reconstruction pour une mission de
> maintien de la paix : en voilà une belle idée à laquelle on ne peut
> qu'adhérer !
>
> C'était le jour du départ, «du grand départ» avait hoqueté sa
> maman. Elle l'avait embrassé et retenu par le col en pressant sa
> joue contre la sienne. Il n'avait pas voulu comprendre son émoi :
> «Je ne pars pas à la guerre, maman !» Mais, elle savait. Il coulait en
> elle les larmes de toutes les mères orphelines de leurs fils, les mères
> veuves, de toutes les mères.

La lecture des travaux sera étonnante, mais ne vous y appesantissez pas trop. Chaque personnage créé aura en charge une sorte de mission, de manière tout à fait inconsciente, dans la vie de son créateur. Le plus important est la dynamique de création qui s'élance ici.

Étape 3 : discussion *(15 minutes)*

Après lecture des textes, invitez le groupe à imaginer des liens possibles entre les personnages, deux à deux, ainsi qu'un embryon d'histoire. Qu'est-ce qui pourrait pousser ces deux-là à correspondre ?

Là encore, procédons un peu à l'emporte-pièce. Demandez à chacun de réfléchir, et de voir avec quel personnage il se verrait bien partager une histoire, puis décidez rapidement. Demandez de laisser parler l'attirance pour un autre personnage. Très vite un écrivant va dire : « Moi, je veux bien faire quelque chose avec tel personnage, il me plaît bien. » Les autres propositions vont s'enchaîner tout de suite. Parfois, deux écrivants seront attirés par le même personnage, mais rarement. De toute façon, vous pouvez vous permettre de trancher. Quel que soit le complice qu'on choisisse, vous verrez que l'on tombe toujours juste. La magie de l'interaction développe immédiatement chez les deux « assemblés » les atomes crochus nécessaires.

Étape 4 : écriture *(6 temps de 5 minutes)*

Une fois les binômes définis, on va procéder à un travail en cinq temps.

Au cours de chacun de ces temps, dans chaque binôme, le participant A va écrire sa lettre au personnage du participant B, tandis que le participant B va écrire une page de son journal intime. Lequel journal sera utilisé pour écrire sa lettre de réponse après la lecture de A.

Annoncez le nombre d'échange de temps d'écriture, donc d'échange de courriers. Dans cette séance, j'en ai prévu six. Le minimum est quatre, à mon avis. Mais si vous êtes avec un groupe d'adultes ou de jeunes très à l'aise avec l'écriture, vous pouvez avoir un projet d'écriture plus ambitieux et plus long.

Attention tout de même : il faut prévoir dès le début le nombre d'échanges, afin que les écrivants aient en tête le moment où l'histoire devra se finir. De cette façon, elle se structurera naturellement.

Vous ferez bien évidemment procéder à une lecture des travaux après chaque temps d'écriture.

Temps d'écriture 1 : A écrit sa lettre à B pendant que B écrit une page de son journal intime.

L'exemple de production qui est reproduit ici est celui réalisé par la même participante que celle citée ci-dessus entre le personnage qu'elle avait créé (Alfred, ici) et le personnage créé par un autre écrivant appartenant au même groupe de travail.

> Lettre 1
> Mai 2010
> Mon cher Alfred,
> Pardonne-moi ce « mon cher » un peu désinvolte avec lequel je salue le fils du cousin de mon père. Nous n'avons pas gardé les cochons ensemble ni ramassé les glands, certes, mais les dernières nouvelles que j'ai eues de toi m'ont intrigué : tu es donc parti en mission de la paix ! Waouh ! Voilà qui est noble et viril en même temps. Quelle mouche t'a donc piqué pour que tu te prêtes à ce rôle de figurant dans les tragédies du monde, mâtiné de boy-scout international ?
> Il est vrai que quand nous étions petits garçons jouant avec toute la bande dans le jardin du grand-père, tu endossais volontiers, si

je me souviens bien, le rôle de brancardier dans nos *remakes* de séries télé, ou de Saint-Sébastien attaché au poteau dans nos combats de cow-boys et d'Apaches. Tu te montres fidèle à toi-même, et il n'y a pas de hasard, dans le fond.
J'ai failli écrire «dans le front» (!) ; donne-m'en des nouvelles.
Salut,
Jack

Journal intime 1
4 avril 2010
Voilà quatre jours que je suis ici et ai l'impression d'être confronté à la vie pour la première fois. La vie telle qu'on ne voudrait jamais la voir.
Pourquoi porté-je l'uniforme ? Car c'est l'uniforme qui vise dans la lunette, c'est l'uniforme qui tire sur ces hommes, ces femmes, ces enfants traqués comme des bêtes sur leur propre terre. C'est l'uniforme qui rend ce paysage difforme, trous béants, puants encore la mort, fumant du fumet de la barbarie.
On nous vend du mensonge là-bas, dans notre confort de pays sans histoire… faire la paix, reconstruire… on est là, bras ballants…

Temps d'écriture 2 : B écrit sa lettre à A pendant que A rédige une page de son journal intime.

Lettre-réponse 2
Grozny, le 11 juin 2010
Mon très cher Jâââcques,
Sache tout d'abord que le boy-scout se porte bien, lui. Toi aussi tu as l'air en forme au lu de tes formulations «mâââtinées» de jugement sur le monde que tu sembles pourtant mal connaître.
«Figurant»…là, je te l'accorde, le travail n'a pas réellement commencé. Du reste, le pays est superbe malgré les stigmates de la guerre ; je te propose de venir découvrir par toi-même cet autre monde où tes jugements perdraient certainement de leur validité…
Je compte sur toi, j'ai un contact qui peut te faire venir rapidement.
Bien à toi,
Alfred

Journal intime 2
1er juin 2010
19 ans aujourd'hui. Soirée *fun* ce soir avec Bob et Le Baron.
Envoyé hier une lettre à Alfred, un cousin à la mode de Bretagne.
Il est parti en Ouzbékistan, Afghanistan, Tadjikistan, Kirghizistan,
ou un de ces trucs qui se tendent. Je me fiche un peu de lui, mais
je dois avouer que j'admire son cran, à moins que ce soit plutôt
chez moi une secrète envie de m'encanailler… Je penserai à lui qui
mange des *beans* en boîte, quand j'enfoncerai ma fourchette dans
le crumble au foie gras, dimanche.

Temps d'écriture 3 : A écrit sa lettre à B pendant que B rédige
une page de son journal intime.

Lettre-réponse 3
18 septembre
Dear Alfred,
«Le vert été n'est plus qu'un rien» : c'est un des vers de mon poète
préféré, Georg Trakl, et j'espère que pour toi il ne fut pas trop
poussiéreux, torride et cruel. Tu raillais le printemps dernier mon
confort de planqué pendant que tu étais au front. Mais sais-tu que
partout la vie est dure, et que le sentiment d'inexister qui me saisit
parfois peut être aussi insupportable que la vue des demi-cadavres
qui t'environnent ?
Allons, faisons la paix des braves, et sache qu'au fond j'admire ton
courage. Mais subsiste toujours en moi un doute sur la limite – fragile – qu'il peut y avoir entre l'héroïsme affiché et un voyeurisme
latent. Voilà le fond de ma pensée.
Bien à toi,
Jack
P.-S. Faut-il t'envoyer des biscuits ?

Journal intime 3
Non loin du fleuve Terek, 20 juin 2010
Bon, hier, journée de «*haïzda*» comme ils disent ici. Il a plu toute
la journée, on a transporté des briques pour boucher les trous
du village, les habitants devront en partir le mois prochain pour
retourner en ville ; à leur place reviendront les villageois initiale-
ment habitants de ce village mais qui avaient été chassés pendant

la guerre par ces «faux habitants» qui ont investi les lieux comme si c'était leur village… Bref, on n'y comprend «*ouahda*»…

Heureusement, le café y est bon et les locaux très accueillants, tellement qu'on a du mal à s'imaginer par quel(s) démon(s) ils se sont transformés pendant la guerre.

Bon, mon lointain cousin m'a écrit le premier, j'aurais préféré une lettre de la pétulante Barbara… J'ai hâte de le voir à l'œuvre, je l'ai invité à venir et je suis sûr que son orgueil le poussera jusqu'à moi.

Temps d'écriture 4 : B écrit sa lettre à A, pendant que A rédige une page de son journal intime.

Journal intime 4

20 septembre 2010

Je me suis replongé mine de rien dans mes bouquins d'histoire et de philo. Lire, travailler, mais sans le montrer, pour oublier cet été calamiteux, pour oublier Jean et Anne-Marie, pour oublier l'amitié bafouée, l'amour trahi.

Il me prend parfois l'envie de partir, d'aller dans un coin perdu au milieu de nulle part, du côté du cousin Alfred, par exemple.

Je me suis acheté deux bracelets en cuir et, depuis quinze jours, je fréquente le gymnase. Gainer son corps, se blinder de muscles, de mépris.

Parler à Papa, quand il reviendra de Lisbonne, de son ami correspondant de guerre à Kaboul, Bernard de Ponfilly.

Lettre-réponse 4

Grozny, le 5 janvier 2011

Cher Jack,

Voilà maintenant 10 mois que je suis là. Je te sais parti de ton manoir mais pas encore arrivé : où es-tu ?

Que désirais-je en partant de chez moi et en venant ici ? Goûter l'héroïsme.

Qu'ai-je gagné ? De la peur et du dégoût.

Notre situation de volontaire relève de l'indécence devant eux, les héros, ceux qui n'ont pas eu ou qui n'ont toujours pas le choix. Tu avais raison : la vie ou non-vie est partout la même pour peu qu'on se donne la peine de la voir.

Dans une de tes premières lettres, tu me prêtais des intentions de voyeur. Sache que c'est par innocence et surtout par ignorance que je suis parti là-bas.

Si tu viens, tu sais où me trouver mais ne compte pas sur moi pour faire le guide de l'horreur.

Je n'ai qu'une envie : RENTRER.

Temps d'écriture 5 : A écrit sa lettre à B, pendant que B rédige une page de son journal intime.

Lettre-réponse 5

Février 2011

Cher cousin,

Je t'écris des environs de Kaboul, dans un hôtel-bunker réservé à la presse. Il a fallu trois mois de démarches et quelques passe-droits pour arriver ici, mais aussi toute la ténacité – j'en ai moi-même été surpris – que donne un vrai désir. Mon «travail» consiste à aider vaguement la comptabilité des stupéfiants dans un aéroport-passoire. Rien de passionnant bien qu'on puisse, paraît-il, sauter ici aussi sur des bombes. La seule véritable activité que je me reconnaisse n'est pas d'apporter la paix mais d'apprendre la langue et de prendre des photos. Récemment, j'ai risqué une sortie dans les rues de la ville revêtu d'une burqa. Les hommes et les femmes ici me fascinent.

L'expérience de l'inconfort, l'odeur de ce pays, l'impression que tout peut intervenir à tout moment, c'est ce que je partage, à dose infinitésimale sans doute, avec ces gens qui semblent rompus à toute épreuve. Je ne reconnais plus guère celui que j'ai été, et ce déplacement dans l'espace et le temps ressemble un peu à une «conversion».

Tu as mes coordonnées. Où te retrouver ?

Jack

Journal intime 5

Caserne, mars 2011

Ces journées n'en finissent plus. On est cantonné à la caserne la plupart du temps sauf pour les missions où on se déplace en tribu vert kaki sous le regard moqueur des locaux. Nous sommes les nouveaux colons du XXIe siècle.

Impossible d'errer seul, ne serait-ce quelques instants, pour humer l'air du temps, se laisser bercer par cette langue désarmée puisque je ne la comprends pas. Bref, voyager, tout simplement. S'engager pour voyager... N'importe quoi... La prochaine fois, je voyagerai tout court.

Demain, mission top secret, ça me changera...

On m'appelle, j'ai du courrier, j'espère que Jack ne viendra pas, j'ai honte d'être là.

Temps d'écriture 6 : B écrit sa lettre à A pendant que A rédige une page de son journal intime.

Journal intime 6 (écrit sous la dictée)

Je suis dans un curieux état. S'il n'y avait ce rêve d'une explosion assourdissante, et cette impression de terre fissurée par un cataclysme au-dessous des draps, des bandages, je me sentirais presque léger. Léger comme ce nuage mauve qui s'enfuit par-delà la montage. Le ciel est rempli de brume, ou de fumée, et on me fait tirer à longs traits les bouffées d'une pipe odorante. J'aime l'humanité entière, les poseurs de bombes, tout. Le médecin se penche sur moi ; sa tête ressemble à celle d'un homme et d'un cheval tout à la fois. Il semble me parler le langage des hirondelles. D'ailleurs le printemps approche. *Inch Allah !* L'hirondelle qui fond sur moi est un corbeau.

Lettre-réponse 6

Avril 2011

À l'attention de Monsieur Jack de la Bourbandais

Nous avons le regret de vous annoncer le décès de votre parent Alfred Bourban lors d'une mission militaire en Tchétchénie.

Alfred Bourban s'est battu avec dignité pour le maintien de la paix.

Nous vous faisons parvenir ces effets personnels à remettre à la mère du défunt, Madame Bourban.

Veuillez croire, Monsieur de la Bourbandais, à nos sincères condoléances.

Le Ministre de la Défense

Cette activité donne toujours des résultats extraordinaires, tant dans la qualité des écrits que dans la subtilité des relations qui se tissent entre les membres de chaque binôme. Ils font progresser l'intrigue ensemble et les temps d'écriture sont des temps de communication mystérieuse. Les psychés se rencontrent, s'emboîtent, décrivent une sorte de ballet tout de suite harmonieux.

L'efficacité de ce travail est probablement liée à l'écriture du journal intime qui permet, d'une part de ne jamais laisser de temps mort (tout le monde écrit en même temps), et d'autre part pour chacun, d'entrer plus profondément dans l'histoire de son personnage. Cette communication intrapersonnelle sert de base au courrier qu'il va écrire par la suite. De plus, la lecture orale du journal donne aussi au correspondant un élan supplémentaire, même si son personnage n'est pas censé en connaître la teneur.

Ce sera tout à fait comme dans cette vie

« Ce sera tout à fait comme dans cette vie »,
Oscar Venceslas de Lubitsch Milosz

Dernière séance de ce cycle, cette séance constitue une sorte de validation de ce mouvement de sympathie avec le monde tel qu'on l'aura vécu. Pour cela rien de tel que de l'imaginer vu de l'endroit dont on ne revient pas…

Pour se lancer

Vous pouvez proposer un mouvement de retour en arrière un peu tourbillonnaire, en restreignant la rétrospective aux cinq dernières années – des microprises de conscience aux transformations du monde qui nous ont le plus touchés, toutes les petites et grandes choses survenues pendant ces cinq ans et qui nous reviennent dans l'instant en mémoire.

Pour les collégiens, vous pourrez proposer des laps de temps moins longs : en quatre ans, pour des troisièmes, ce qui constitue les années collèges, par exemple.

L'inventaire est un plaisir foisonnant, un peu vertigineux, qui pare au plus pressé, qui rassemble en bouquets des lambeaux de vie, des éclairs de pensée, des traits d'émotion. Cinq années ! Se pencher au-dessus de ce puits et en sortir pêle-mêle tout ce qui se présente. Le passage par l'écriture donne à chaque élément une valeur de réconciliation.

Le temps d'écriture s'allonge souvent. Les roues des souvenirs n'en finissent pas de tourner.

En cinq ans, j'ai appris à douter de mes doutes,
j'ai appris à faire la sauce béchamel,
je n'ai toujours pas appris à aimer le vent.
J'ai raconté 1 820 histoires à mes enfants,
j'ai usé trois paires de basket,

Lisez ensuite le très beau texte de Milosz, poète lituanien, intitulé « Symphonie de novembre » :

« Ce sera tout à fait comme dans cette vie. La même table,
La Bible, Gœthe, l'encre et son odeur de temps,
Le papier, femme blanche qui lit dans la pensée,
La plume, le portrait. Mon enfant, mon enfant !

Ce sera tout à fait comme dans cette vie ! — Le même jardin,
Profond, profond, touffu, obscur. Et vers midi
Des gens se réjouiront d'être réunis là
Qui ne se sont jamais connus et qui ne savent

Les uns des autres que ceci : qu'il faudra s'habiller
Comme pour une fête et aller dans la nuit
Des disparus, tout seul, sans amour et sans lampe. »

À la manière de…

Il va ici être question de se laisser emporter par la formule, en listant les choses que l'on aura tant aimées, précédées de « il y aura », les choses que l'on voudrait emporter avec soi, ces moments parfois tout simples mais qui constituent notre richesse.

L'évocation de la mort n'est ici qu'un modèle, une limite propre à nous faire sentir ce que notre vie a de beau, d'unique, d'essentiel. Notre culture a coutume de s'adresser à des êtres non mortels : cela doit faire partie de la panoplie du bon consommateur, la mort est une maladie, on évite d'y penser. Ce faisant on se prive de la seule valeur qu'elle ait : nous donner le poids réel de notre vie. L'apprécier davantage en apprivoisant l'idée de la mort. Un bon truc : chaque fois qu'on hésite à faire quelque chose, se poser la question : est-ce que je prendrais le temps de le faire s'il me restait un an à vivre ? Cela permet déjà un bon dégraissage et des choix plus solides.

Donc, cette motivation d'écriture débouche souvent sur quelque chose de joyeux, le pur et simple bonheur d'être en vie. Il ne faut pas s'en priver. Si ça pouvait devenir une habitude…

> Ce sera tout à fait comme dans cette vie, oui mon amour. La même mer. Toute bleue, toute grise, toute calme, comme ce matin, te souviens-tu, où nous marchions le long du rivage. Nous ne saurons pas bien nous aimer, pourtant la mer sera là, devant nous, à nous montrer comment faire.
> Ce sera tout à fait comme dans cette vie, oui mon enfant. Il y aura tes rires, comme des rires de ruisseau, il y aura tes boucles pâles. Et tu me manqueras encore. Car je n'aurai pas encore trouvé de réponse à l'équation de l'amour présence absence que l'on porte aux enfants. Il y aura aussi des odeurs de gâteau qui endimanche-ront la maison, les bruits des matins d'été. Et la terre sera ferme. Nous y danserons comme avant. Il y aura des printemps de départ et des automnes de réconciliation. Il y aura aussi nos colères, nos révoltes. Tout comme dans cette vie. Nous rirons, nous pleurerons, et nous nous hâterons. L'oiseau du petit matin sera là, toujours empressé. Et nous nous retrouverons là, à la croisée des chemins, dans le jour qui descend.

Écrire : entrer en sympathie avec soi-même

Ce cycle d'activité va permettre de faire une étonnante expérience de communication intrapersonnelle. À ce stade d'évolution, en tant qu'animateur d'atelier d'écriture, vous avez déjà dû vous apercevoir de l'état des participants en sortant de l'atelier : allégés et confiants. Vous avez dû aussi vous apercevoir qu'ils étaient vraiment différents au cours de cette activité, qu'ils manifestaient souvent un haut degré d'intuition, de perception, de sensibilité à autrui. Peut-être même avez-vous remarqué de curieuses coïncidences : un même détail très précis apparaissant dans plusieurs productions, comme si l'idée avait circulé un instant au-dessus de nos têtes et choisi deux pensées au lieu d'une... Je suis convaincue qu'un jour les neurosciences expliqueront ce phénomène : l'esprit de groupe existe bel et bien.

C'est cet état d'hypervigilance que nous allons à présent utiliser pour approfondir la relation que chacun d'entre nous entretient avec sa propre histoire. Nos mémoires nous permettent d'en contacter une bonne partie, certes, et c'est ce que nous avons vu au cours du cycle I, mais les racines de nos réactions et de nos fonctionnements sont beaucoup plus profondes, et il ne faut pas trop compter sur le raisonnement conscient pour les toucher.

En revanche, il est une fonction humaine qui nous délivre de notre imaginaire, c'est l'aptitude à produire des symboles. C'est d'ailleurs ainsi que toutes les religions s'adressent aux hommes. Si elles utilisent des paraboles plutôt que des cours de philosophie, ce n'est pas parce qu'elles s'adressaient à des analphabètes à l'époque et qu'il fallait leur parler comme à des enfants (quelle idée orgueilleuse !), c'est parce qu'elles souhaitaient vraiment libérer les humains de leurs chaînes et que le mental ne sait pas faire cela. Au contraire, il est fait pour systématiser, trouver des certitudes et des schémas transposables.

La série d'activité qui va suivre va avoir pour but de créer de jolies choses, bien sûr, mais en réalité de transformer en profondeur les aspects de notre vie que nous avons envie de transformer. Attention, ce n'est pas une baguette magique, il faudra laisser « infuser » quelque temps avant de voir de vrais changements se produire dans notre comportement, mais avec ces créations, nous aurons planté la cause d'un changement subtil dans notre psyché. Comme dit le Petit Prince : « On ne voit bien qu'avec le cœur. » Saint-Exupéry a écrit beaucoup d'autres choses, il a eu une trajectoire de vie tout à fait prestigieuse, et pourtant, c'est cette simplicité, un peu énigmatique, qui l'a rendu célèbre. *Le Petit Prince* a nourri des milliers d'âmes et personne ne sait au juste expliquer pourquoi.

Devenir conteur

 ***Contes*, Jacob et Wilhelm Grimm**

Le conte est un des grands recours de l'humanité, depuis toujours. Le conte est toujours initiatique, c'est-à-dire qu'il permet un autre commencement, par le truchement d'épreuves dont on sort finalement victorieux, après bien des étapes. Il est régénérateur – sauveur même, dans certains cas : parce que d'emblée déconnecté du réel, il peut rester la dernière forme de communication possible dans un état de grande souffrance. On peut penser à l'expérience d'Helen Bamber qui a introduit le conte à la fondation médicale pour les victimes de la torture, auprès d'un groupe de femmes africaines qui avaient vu mourir mari et enfants. « Ces femmes se régénéraient grâce à cette communication quand tout paraissait fini », expliquera-t-elle. On pense aussi aux veillées mortuaires des Antilles, pavées de récits et de contes mêlés à l'histoire du défunt.

Le conte est oral, vivant, il se régénère sans cesse lui-même, variant d'un conteur à un autre. Il est sacré aussi, dans sa dimension universelle : nombre de folkloristes ont pu recueillir des histoires à travers les campagnes, comme une écume venue de nulle part et qui pourtant appartenait à tous. Enfin et surtout, il est fondateur dans son éternel mouvement d'espoir et de désespoir précédant une fin toujours heureuse. Le conte est un soin. Écrire son propre conte, c'est fabriquer son propre médicament, exactement adapté à sa vie.

Tout cela, vous devez le savoir, mais vous n'êtes pas obligé de le dire d'emblée aux participants, surtout si vous avez affaire à des enfants ou des adolescents.

Vous pouvez lire un extrait du conte de votre choix pour permettre aux participants d'entrer plus aisément dans l'univers propre au conte. Voici un court passage de *Rose et Blanche*, des frères Grimm :

> *« Une pauvre veuve vivait seule dans une chaumière, et, devant cette chaumière était un jardin où se trouvaient deux rosiers ; l'un portait des roses blanches, et l'autre des roses pourpres. Cette veuve avait deux filles du même âge que les deux rosiers : l'une se nommait Blanche, et l'autre Rose. Les deux sœurs différaient par le caractère : Blanche était plus silencieuse et plus douce que Rose ; Rose aimait davantage à folâtrer.*
>
> *Ces deux enfants avaient l'une pour l'autre une vive amitié. »*

Le travail qui va suivre est absolument accessible à tous. Quel que soit l'âge, le niveau de formation initiale, la situation, chacun a la capacité de construire son histoire pour se venir lui-même en aide. Chacun est capable de produire ses rêves. Parmi l'héritage de notre condition humaine, il y a une aptitude que chacun a reçue en partage depuis qu'il est tout petit et qu'il n'a cessé de développer depuis : c'est la capacité à se consoler soi-même.

Les exemples de production sont écrits par un adulte, (ce sont ceux que j'ai écrits en atelier), mais ne vous y trompez pas : les enfants peuvent aussi se livrer exactement aux mêmes activités et écrire de véritables merveilles.

Le travail sur le conte va s'ancrer directement dans la réalité de chacun. Pour être initiatique – c'est-à-dire, au sens étymologique, pour être le *commencement* de quelque chose dans votre propre vie –, le conte doit s'écrire de lui-même, c'est-à-dire que l'auteur lui-même ne saura pas comment il finit.

C'est un travail tout à fait impressionnant, entièrement fondé sur une transposition métaphorique de soi-même, de ses propres tendances de vie, de ses forces, de ses combats. Il est absolument nécessaire d'avoir suivi le cycle II pour écrire un tel conte.

Comme pour chaque séance, vous ferez procéder à la lecture de chaque étape, même les étapes de préparation. Je rappelle que le temps indiqué pour chaque étape ne tient pas compte des temps de lecture. Le temps du tour de table variera évidemment en fonction du nombre de participants. C'est la raison pour laquelle les deux heures prévues peuvent ne pas suffire. Même si on consacre deux ou trois heures à ce travail, l'intérêt ne faiblira pas : on se sent responsable de sa créature, on a envie de la mener à bon port !

Pour se lancer

Repensez à la semaine qui vient de s'écouler et recueillez-y une série de traits (*cf.* la séance 8 du cycle I). N'oubliez pas que ce sont des phrases totalement sorties de leur contexte : elles expriment un ressenti, et ne racontent jamais les événements qui les ont fait apparaître. Le passage par ces phrases de carnet va permettre d'ancrer toute la séance dans le vécu de l'écrivant. Ses préoccupations actuelles vont être le terreau de l'activité métaphorique. Cet ancrage sensible est la première condition pour conférer au conte que l'on va écrire cette valeur de soin dont je parlais plus haut.

> «Il n'est pas une seconde question que tu perdes la bataille», a dit Mylène.
> On n'évalue jamais avec assez d'équité la protection dont on est l'objet.
> La plus belle fiction, c'est ma réalité.

Le portrait du héros

Étape 1 : portrait chinois *(10 minutes)*

L'habitude de la transposition symbolique ayant déjà été prise, on va la réactiver en jouant de nouveau au petit jeu du portrait chinois. Les réponses ne seront évidemment pas les mêmes : d'un jour à l'autre, et même d'une heure à l'autre, tout change dans notre vie, et surtout nous-même.

Afin de tout baser vraiment sur l'état de vie des participants, vous allez demander à chacun de proposer lui-même aux autres un jeu d'identification en lançant : si j'étais… un refrain, si j'étais… un mois de l'année, etc. Vous pouvez rajouter vous-même quelques questions s'il vous semble que le panorama n'est pas assez étendu. En particulier, si cela n'a pas été dit, proposez : Si j'étais une qualité ? Si j'étais un défaut ? Donc, à chaque proposition, tous les membres du groupe répondent.

Étape 2 : naissance du héros *(5 minutes)*

Tout en gardant la même posture que celle qui est à l'œuvre dans la séance 12 sur l'allégorie au cycle II, chacun va donner corps cette fois-ci, non à une idée ou un sentiment, mais à sa propre conscience. Là encore, surtout : ne pas réfléchir, ne pas vouloir démontrer quoi que ce soit. Comment vous ressentez-vous ? Vous pouvez avoir l'âge que vous avez réellement, mais pas forcément. Certains se ressentent toujours comme des enfants, d'autres, comme des personnes très âgées.

Le saut dans l'allégorie peut sembler difficile, mais dans l'ambiance et immergé dans la dynamique de groupe, il se fait sans difficulté. Il faut l'avoir ressenti soi-même pour pouvoir rassurer totalement les écrivants à ce sujet. On est ici dans le monde de la convention mentale : la transposition métaphorique n'a pas à être « juste » ou « fausse ». Elle est simplement la façon dont vous pourriez représenter votre propre conscience. Il faut essayer de retrouver l'enfant ou le magicien capable de dire au sujet d'un bout de chiffon ou d'un morceau de terre glaise : « Ça, ce serait le gentil », ou « Ça, ce serait moi. » En tout cas, je suis frappée de voir comment cette étape se déroule à chaque fois sans difficulté.

À la manière de…

Commencez par « Il était une fois » et faites écrire un portrait, en toute simplicité, en focalisation zéro, comme dans tous les contes, c'est-à-dire que le narrateur est omniscient et connaît tous les aspects de la réalité.

Il était une fois un jeune tailleur de pierre qu'on appelait Galaspée. Il était fin, bien fait, alerte, agile et droit. Il vivait dans un petit cabanon au bord de la carrière et ne voyait jamais passer personne, hormis le seigneur des carrières, qui venait chaque mois lui porter cinq pièces d'or, un barillet de bière et dix pains d'une livre, en échange du produit de son travail. Galaspée ne se nourrissait que bien peu, parlait seulement aux fleurs, et buvait avec raison. Avant lui, son grand-père avait travaillé dans cette mine et jamais Galaspée n'avait seulement imaginé partir un seul jour pour aller voir ce qui se trouvait derrière la plus proche colline.

Ce portrait constitue la « situation initiale », le début du conte. Comme dans les recettes de cuisine, demandez aux écrivants de « réserver ». La suite du conte s'écrira plus tard. Nous allons à présent passer à la création des autres personnages.

La création des adjuvants

Si le héros représente notre conscience dans son état actuel, les autres personnages vont en représenter les aspects non encore révélés, que la tribulation va permettre d'intégrer.

Selon le schéma actanciel de Greimas, dans un conte, les personnages se scindent nettement en deux catégories : les adjuvants et les opposants.

La vie est ainsi faite que les oppositions et les obstacles arrivent tout seuls, alors qu'il faut faire appel à tous nos efforts pour faire apparaître les aides et les ressources de la situation. Notre création va donc s'intéresser aux seuls adjuvants. Il va d'ailleurs sans dire que nous avons envie de mettre en culture nos ressources positives plutôt que nos tendances à l'échec.

Étape 1 : recherche introspective *(5 minutes)*

Il va falloir chercher en nous-même le meilleur point d'appui du moment, c'est-à-dire, la qualité qui nous est ou nous serait actuellement le plus utile. Pour lui donner corps et pour clarifier les rapports que nous entretenons avec elle, nous allons écrire une lettre à cette qualité, toujours en trois étapes : historique, célébration, demande.

> Chère tempérance,
> **Historique**. Tu es bien en train de me regarder, me conter, de me compter, me calculer. Et moi, enfin, je te regarde aussi. Parce que tu fais tellement partie de moi que je n'arrive plus à te distinguer. Et c'est un tort. Tu avais une façon de me faire tout admettre, de me faire tout accepter. À tel point que je t'ai prise pour de la faiblesse. Je t'ai souvent maltraitée, écartée d'un revers de la main, bousculée. Et alors, tu partais, piquée au vif. Sans toi, je devenais n'importe quoi. Mais tu revenais toujours.
> **Célébration**. Aujourd'hui, je te reconnais, je te parle je te reconnais. Tu vois bien, je te trouve belle, je te trouve intelligente et généreuse.
> **Demande**. Alors ne sois pas susceptible. Quoi qu'il arrive, reste-moi. Ne te sauve pas, même si je te malmène parfois : je le regrette tout de suite, tu sais bien ! Attends, soyons fortes, toi et moi. Soyons stables. Et soyons justes. Nous avons tant à faire !
> Bien à toi.

Étape 2 : création de deux personnages allégoriques de cette qualité *(5 minutes)*

On va s'appuyer, pour cette étape, sur la séance 12 du cycle II ; nous allons tout simplement reproduire le fonctionnement de l'allégorie pour faire apparaître deux personnages, qui seront l'un et l'autre l'émanation de cette qualité. Laissons encore parler notre intuition : il n'y a pas de mauvaise réponse. Cette fois, les personnages seront simplement désignés, sans qu'il soit nécessaire d'en dresser un portrait puisqu'ils n'apparaîtront que très peu de temps.

> ***À partir de la tempérance :***
> Une femme enceinte.
> Un enfant prince.

L'élément modificateur

Le portrait du héros que nous avons déjà rédigé va servir dans notre conte de « situation initiale ». Mais, pour que l'histoire existe et que les tribulations adviennent, il faut une perturbation, un élément qui va modifier les données en cours. Ce peut être :

– une perte (d'un être, un objet, une faculté) ;
– la rencontre d'un autre personnage ou la trouvaille d'un objet.

Pour déterminer cet élément, on va faire le détour par notre vie actuelle. Quoi qu'on fasse, et même si votre vie est un jardin de fleurs ou un long fleuve tranquille (!), elle est toujours traversée par une problématique : une question que les événements en cours rendent plus insistante. Demandez à chacun de la synthétiser en une phrase. Vous pouvez proposer pour ce faire de s'appuyer sur les traits écrits en début de séance.

> Comment trouver le lien véritable d'échange dynamique où l'on donne autant qu'on reçoit ? Comment trouver sa force de don ?

Cette phrase-là restera secrète. Chacun la gardera pour s'y appuyer mais il n'est pas nécessaire de la partager : on n'est pas dans un « groupe de parole », ni dans une thérapie de groupe : on n'échange que ce qui nous libère.

Il ne reste plus qu'à transposer cette problématique en fait symbolique. Là encore, la chose va s'écrire toute seule, en une sorte de rêve éveillé : c'est notre correspondance symbolique personnelle qui s'exprime.

> Pourtant, un jour, il advint que, par mégarde, Galaspée renversât son baril sur le sol et que la bière du mois s'écoulât sur la terre. Le temps qu'il le redresse, il en restait un peu, mais pas assez pour s'abreuver jusqu'au mois suivant.

À partir de cet événement (qui ici s'apparente à la perte), le personnage va devoir se trouver face à un vrai problème à résoudre. Insistez bien sur le fait que ce problème n'a pas besoin d'être crédible ou réaliste : le conte fonctionne sur un pacte de crédulité avec le lecteur.

> C'est alors que, pour la première fois, il s'avisa qu'il n'y avait pas de source d'eau pure près de la carrière, ni même dans les proches environs. Il y avait bien une mare d'eau plus ou moins saumâtre pour se laver, mais il ne fallait pas compter la boire. Et Galaspée se mit d'un seul coup à penser à une chose qu'il n'avait jamais vue, pas même en rêve : l'avenir. Lorsqu'il aurait fini son tonnelet de bière, il lui faudrait attendre de longs jours, voire une ou deux semaines avant de pouvoir boire. Et il se rendait bien compte que s'il ne pouvait pas boire, il lui faudrait mourir. Mourir ! Ça ne lui faisait pas trop peur, mais il sentait bien que ce n'était pas encore son temps.
>
> « Mourir pour mourir, se dit-il, autant le faire en essayant de trouver à boire ! »
>
> C'est ainsi qu'un beau matin d'été, Galaspée se mit en route avec à sa ceinture une grosse poignée de pièces d'or et, derrière lui, le petit âne de la carrière chargé du tonnelet de bière et des trois pains qui lui restaient.

L'aventure

Selon l'étude du folkloriste Propp, le récit va se dérouler en deux temps : une première série d'épreuves de qualification (deux suffisent), dont le héros sort relativement confiant et nanti d'un attribut ou d'une motivation qui va lui servir pour la suite, puis une autre longue épreuve, dont il sortira finalement complètement victorieux. Car le conte se finit toujours bien. Il se clôt sur lui-même et se termine au passé simple. Il est optimiste : les obstacles sont là pour être surmontés.

Avant de se lancer dans l'écriture, il faut garder plusieurs choses en tête, mais elles nous viennent assez naturellement.

Le conte nous fait pénétrer d'un seul coup dans un autre monde, régi par d'autres lois, comme basé sur un autre axiome, et nous y garde jusqu'à la fin.

Il n'est situé ni dans le temps ni dans l'espace. C'est un pays, un royaume, quelque part dans le monde, et c'est une fois, c'est-à-dire un point théorique dans l'écoulement du temps.

Le récit est à la troisième personne et si le narrateur sait tout, il reste dans une parfaite neutralité, avec l'attitude bienveillante du créateur qui sait d'avance que sa créature est dotée des attributs nécessaires pour traverser toutes les vicissitudes. On est dans la logique où le bien et le mal se complètent pour rythmer la marche de l'évolution.

L'intrigue est linéaire, elle va toujours de l'avant (pas de retours en arrière).

Les descriptions sont rares et ornementales : elles ne servent pas à rendre le récit crédible.

Les dialogues sont rares aussi. Les personnages parlent le plus souvent au style indirect, le style direct est réservé aux paroles magiques ou porteuses d'un grand poids dans la progression de l'intrigue. Elles peuvent revenir en refrain tout au long de l'histoire pour en ponctuer les étapes, à l'instar du « Sésame, ouvre-toi » dans le conte d'*Ali Baba et les quarante voleurs*. Elles organiseront ainsi une progression en forme de spirale ascendante. Certaines situations jouent ce rôle-là dans la vie : elles se représentent à plusieurs reprises, en nous trouvant chaque fois différents jusqu'au moment où notre histoire a suffisamment avancé pour qu'elles ne se reproduisent plus : on est passé à autre chose.

Les scènes d'action sont sobres.

Étape 1 : première épreuve *(10 minutes)*

À partir de maintenant le texte va se dérouler seul. Expliquez qu'il ne faut n'avoir qu'une seule idée : faire vivre à son personnage une première épreuve, dans la trajectoire de sa quête. Donc, deux fils à ne pas lâcher, un pour chaque main : l'objectif du héros et le rôle de l'adjuvant choisi dans cette épreuve de « qualification ».

Adjuvant : la femme enceinte

Il se mit en chemin de bon cœur, visant le sommet de la colline, ignorant que les eaux coulent dans les parties les plus basses, les creux, les gorges, les vallées. Ignorant que les eaux quand elles coulent sont plus fortes que la plus dure des pierres et entaillent profondément la terre.

Il allait arriver au sommet de la colline lorsqu'il vit une femme marcher lourdement dans la même direction. Au moment où il la dépassait, il s'avisa qu'elle portait une bosse monstrueuse à l'endroit du ventre, une bosse telle qu'elle ne pouvait faire partie de son corps ! Comme il lui posait des questions sur cette mystérieuse protubérance, la femme se mit à rire en répondant que, quand le vin était tiré, il fallait bien le boire. Il se dit alors que si cette femme avait pu boire au point de s'être gonflée de la sorte, il devait y avoir une source intarissable tout près de là. Il demanda alors où se trouvait tout ce vin et la femme se mit à rire de plus belle. Le jeune homme haussa les épaules et continua son chemin d'un pas rapide.

« Mourir pour mourir, se dit-il, autant le faire en fuyant les moqueries. »

Mais elle prit pitié de sa candeur, le rappela et lui expliqua que les vignes donnaient le raisin qui servait à faire le vin.

Tout ragaillardi par le sourire de la femme et par cette bonne perspective, Galaspée se remit en route. C'est alors que le sommet lui laissa découvrir un vaste pays de vignobles, des collines à perte de vue.

Il se laissa dégringoler jusqu'en bas, son âne trottinant derrière lui. Au bas de la pente, hors d'haleine, dévoré par la soif, il se mit en devoir de détacher son tonnelet de bière.

Étape 2 : deuxième épreuve *(10 minutes)*

Cette épreuve va permettre au héros de se diriger vers l'épreuve suprême. Elle pourra s'avérer immédiatement positive, mais elle pourra aussi sembler mettre le héros dans un embarras encore plus grand et, donc, lui donner un élan plus fort.

Adjuvant : l'enfant prince

C'est alors qu'un terrible fracas retentit et que, surpris, Galaspée laissa échapper son précieux tonnelet. Une deuxième fois le liquide se répandit à terre. Mais pour l'heure, Galaspée n'en avait cure car il voyait progresser dans sa direction un somptueux cortège, précédé de fifres et de tambours sonnant et tapant à grand bruit. Au centre du cortège, un carrosse doré tiré par quatre chevaux blancs promenait une belle dame portant en ses bras un délicieux enfant blond. À la vue de Galaspée, l'enfant se mit à rire en lui tendant les bras. La reine, sa mère, ordonna qu'on arrêtât le cortège.

— Tu fais rire mon enfant, garçon. Qui es-tu?

— Je suis un tailleur de pierre. Je m'appelle Galaspée.

— Où vas-tu donc?

— Je cherche de quoi boire car je viens de vider mon tonneau de bière.

Horrifiée d'avoir engagé la conversation avec un ivrogne, la reine ordonna au cortège de redémarrer et lui tourna le dos avec dédain. Mais, se hissant par-dessus l'épaule de sa mère, l'enfant prince continua de lui sourire et agita sa petite main en guise de salut. Ce salut lui rendit toute sa vaillance.

«Mourir pour mourir, se dit-il, autant le faire en fuyant le mépris.»

Et il se remit en route en courant à toutes jambes.

Étape 3 : dernière épreuve *(10 minutes)*

Cette épreuve, la plus longue et la plus difficile doit amener la résolution et la victoire finale. C'est aussi la plus douloureuse, la dernière heure avant l'aube, en quelque sorte, dont on dit qu'elle est la plus sombre.

Il marcha jusqu'au soir sur la route poudreuse.
Il marcha dans la chaleur du jour.
Il marcha dans la tiédeur du crépuscule.
Il marcha dans la fraîcheur du soir.
Il ne savait plus où aller. Il ne savait plus s'il devait retourner en arrière ou continuer d'avancer. Entre chacun de ses pas, il se maudissait d'avoir abandonné sa carrière où, du moins, il aurait pu tenter d'attendre le retour du seigneur.

«Mourir pour mourir, se disait-il, autant eût-il fallu le faire en restant chez soi.»

Mais comme il se sentait incapable de faire le chemin en sens inverse, il avançait encore et encore. La nuit s'acheva. Le matin se leva. Un autre jour encore se passa à marcher. Il marchait, tendu vers son but et connaissant si peu le monde qu'il ne lui vint pas à l'idée de mendier un peu d'eau ou de demander son chemin. Le soir venu, à l'entrée d'un village, ses forces l'abandonnèrent et il se coucha dans le fossé.

«Mourir pour mourir, se dit-il, autant le faire couché.»

Il ferma les yeux mais ne vit rien défiler d'autre que des pierres et des tonneaux de bière tant sa vie avait été courte et désertique.

Le crépuscule vint embrasser ses deux paupières. La nuit fit de son mieux pour le bercer. Tout près de lui, un ruisseau chantait doucement mais il ne pouvait pas l'entendre. Il ne souffrait pas, il se laissait doucement glisser dans le profond sommeil.

Un pas s'arrêta près de lui. Puis d'autres. Une troupe de voleurs l'entourait.

— Il est mort?

— Pas encore.

C'était une voix toute fraîche qui parlait. Jeune et fraîche comme un ruisseau d'eau vive.

«Mourir pour mourir, se dit-il, autant que ce soit en buvant cette voix, si jolie et si douce…»

— Boire, dit-il dans un souffle.

La résolution

C'est le moment où enfin tout bascule vers une fin heureuse. Un événement de plus fait pencher la balance du bon côté et induit l'enchaînement final.

C'est alors que le miracle se produisit. Un grand filet d'eau fraîche arriva dans sa bouche!

Il but, de toute son âme, à satiété.

Il but pour toute sa vie solitaire.

Il but pour tous ses jours sans lumière.

Il ouvrit les yeux. Un joli visage se penchait vers le sien. Il n'avait jamais rien vu d'aussi beau que la petite lueur qui brillait dans les yeux qui le regardaient.

«Mourir pour mourir, se dit-il, autant le faire d'amour.»

Mais il ne mourut pas. Ou du moins pas encore.

Il épousa la jolie voleuse qui n'en fut plus une, mais qui lui donna au contraire huit beaux enfants, souples et robustes comme leur

père. Il leur apprit à se méfier des pierres et du silence, lui qui avait
failli en mourir, et ne se lassa jamais des voix de ses semblables. Il
s'installa près d'un ruisseau dans un petit moulin et il devint meunier. Jour et nuit, pour accompagner le doux bruit de la roue, la
meunière et le meunier chantaient.
Et on dit qu'au moulin, le grain ni les chansons ne manquèrent
jamais.

Écrire un conte en suivant cette méthode est une aventure merveilleuse. On en ressort véritablement « nettoyé », un peu comme en
sortant d'un sauna. Beaucoup de choses sont sorties par les pores de
notre peau, que l'on ne comprend pas toutes, mais on sent bien que
ces choses nous alourdissaient à en juger par notre présent état de
légèreté. Tout s'est déroulé à l'insu de notre raisonnement qui s'est
contenté de regarder passer les wagons. Mais quelque part, dans les
profondeurs de notre vie, quelque chose a trouvé à se résoudre. C'est
la raison d'être du conte, comme du rêve. Mais ici, le conte s'est
écrit dans un état de fluidité (voir dernière partie de cet ouvrage :
« L'Atelier d'Écriture Partagé, une bombe de paix »), par nous et
pour nous.

Il ne sera pas question de jouer les psychanalystes avec le butin de
cet atelier. Chacun, vous le verrez, repartira avec son précieux conte,
heureux mais sans savoir pourquoi. Il faudra peut-être laisser plusieurs mois, voire un an, pour comprendre (un peu), à la lumière de
ce qui s'est vécu par la suite, ce que l'histoire nous a dit.

En revanche, cette impression d'être libéré et éclairé n'est pas vaine.
Par le symbolique, on a réussi à contacter des couches émotionnelles
hors de portée de notre intelligence cognitive et, plus encore, on a
contacté un réservoir sous-jacent de sagesse universelle, une sorte
d'esprit multiplié par lui-même, peut-être ce que Carl Jung appelait
« inconscient collectif », voire même le niveau en-dessous, le Soi.
En tous les cas, il n'est pas rare de s'apercevoir que les symboles que
l'on a utilisés sont des symboles universels, lors même qu'on ne les
connaissait pas.

Le sentiment de joie que l'on peut éprouver à l'issue de cette activité n'est pas sans fondement non plus. Le recours au symbolique nous a permis de court-circuiter la lourde conscience morale pour faire « tourner » la roue de notre vie. Nous avons réellement avancé. La chose se vérifiera dans les jours qui suivent, non pas tant par l'impression d'avoir trouvé la réponse à une question que par celle de s'être un peu plus approprié la question. Ce sera une sorte d'état de vigilance accrue, un éclairage plus vif et plus gai sur notre quotidien.

L'exercice pourrait bien être à réitérer une fois par an, par exemple, voire plus en période de difficulté ou de crise. Il permet d'atteindre ce socle de croyances inconscientes qui soutient tous nos comportements et même nos raisonnements. La création symbolique nous propulse hors de nous-même et de notre destinée. Elle est le levier qui nous permet de « désincruster l'acquis » selon l'expression de Jacques Lacarrière.

Dans la peau du conte

Contes, Jacob et Wilhelm Grimm
Contes, Charles Perrault

Pour se lancer

On peut commencer par un jeu interactif propre à lancer les imaginations. Chacun va écrire une expression toute faite, une de ces choses que l'on dit sans y penser. Puis chaque participant va demander à un autre de lui demander son expression et inventer au pied levé un petit conte propre à en donner une origine fantaisiste.

> «Il y a belle lurette!»
> Il était une fois une lurette, une belle lurette, une si belle lurette que tous les lurons l'avaient demandée en mariage et ne souhaitaient rien tant que de s'en faire aimer. Mais elle tardait à répondre, elle tardait à choisir, elle tarda à tel point que tous ses prétendants eurent des cheveux blancs, elle tarda tellement que les enfants du village devinrent des hommes et des femmes, elle tarda tellement qu'on l'enterra toujours vierge et que les vieux célibataires du village n'eurent que le rire et l'amitié pour se consoler, ce qui n'est déjà franchement pas si mal. Et depuis, chaque fois que quelque chose dure longtemps, trop longtemps, on a coutume de dire : «Il y a belle lurette!»

Cette nouvelle activité va encore différemment exploiter les ressources du conte. Nous connaissons tous les plus célèbres, ceux de Perrault (*La Belle au bois dormant*, *Le Petit Poucet*, *Peau d'âne*, etc.), ceux des frères Grimm, issus du patrimoine populaire (*Blanche-Neige*, *Le Petit Tailleur*, *Rose et Blanche*, etc.).

Demandez aux participants de se remémorer quelques contes jusqu'à ce qu'une petite lumière s'allume quelque part en eux. Ce sera un rien, un mouvement léger qui leur donnera envie de penser quelques secondes de plus à cette histoire, à ce héros. Vous pouvez lire cet extrait de *Blanche-Neige* des frères Grimm, pour aider les participants à s'immiscer dans l'ambiance du conte :

> *« Un jour d'hiver, tandis que les flocons de neige tombaient du ciel, il arriva qu'une reine était assise à sa fenêtre à la bordure noire comme de l'ébène, et qu'elle cousait. Par hasard, elle s'enfonça l'aiguille dans son doigt, et trois gouttes de sang tombèrent dans la neige. Et la reine se dit en elle-même : Si j'avais un enfant aussi blanc que cette neige, aussi rouge que ce sang et aussi noir que cette bordure ! Peu de temps après, elle eut une petite fille blanche comme neige, rouge comme du sang et noire comme de l'ébène, ce qui fut cause qu'on la nomma Blanche-Neige. Et dès que l'enfant fut né, la reine mourut. »*

À la manière de...

Demandez aux participants de faire un arrêt immédiat sur image, de sauter à pieds joints dans la peau du personnage et de le faire parler, à un moment de son histoire. Sans raison, sans rien avoir à expliquer. Puis d'écrire son monologue intérieur. Les personnages des contes sont des archétypes qui coïncident avec toutes les tendances de vie humaine. Issus de la sagesse populaire, ils donneront une lumière à ce que nous sommes en train de vivre. Nul ne saura exactement ce qui se dit à travers ce monologue, mais chacun ressentira un certain confort de l'avoir écrit.

Blanche-Neige

Celle qui m'aimait n'est plus. Pourrais-je un jour la ressusciter ?
Celle qui a pris sa place me hait. Comment faire mon Dieu, comment faire pour m'en protéger ?

Ici au plus profond des bois j'ai l'impression d'être en sécurité. Il y a ces petits hommes qui m'ont accueillie. Mais ils sont trop petits pour me défendre. Je suis posée là, vulnérable. Et je sais qu'il n'est même pas besoin de me méfier, elle frappera par où je ne l'attendrai pas.

Pourtant je reste ici, cela me semble être la seule solution. Ici, elle pourra m'étendre d'un seul coup d'ongle, mais la forêt me gardera, même morte. Je n'ai pas peur de mourir ici. Parce que la forêt ne meurt jamais. La forêt est éternelle. Si on me couche en son sein, je vivrai éternellement. Je chanterai avec les oiseaux, j'embaumerai avec les fleurs, je grandirai avec les arbres. Les nains ne peuvent pas me défendre, moi seule je peux le faire. Je serai plus forte que la mort qu'elle me choisira.

Le mythe

Cette fois, c'est le mythe que nous allons visiter. Parmi les mythes grecs, représentant tout le voyage de l'âme humaine dans son incarnation, celui du Minotaure est spécialement parlant. Personne ne reste insensible à cette terrible histoire et il est très facile pour chacun de choisir un personnage et de l'investir.

Commencez par raconter l'histoire du Minotaure. Vous la trouverez détaillée dans *La Mythologie* d'Édith Hamilton. En voici les faits principaux :

Chaque année, Minos, le roi de Crète, devait offrir aux dieux en sacrifice le plus beau taureau de son troupeau. Mais une année, il eut un taureau blanc d'une telle beauté qu'il refusa de s'en défaire et en sacrifia un autre à la place. Les dieux sont susceptibles, on le sait, et ils décidèrent de se venger d'une terrible façon : ils envoyèrent dans le cœur de Pasiphaé, l'épouse de Minos, une irrésistible passion pour le taureau blanc. Afin de l'assouvir, elle fit appel à Dédale, le génial architecte du palais, qui lui fabriqua une vache de bois dans laquelle elle put se glisser afin de consommer ses amours… De ces amours monstrueuses naquit un être monstrueux : le Minotaure, au corps d'homme et à la tête de taureau. Pour cacher le monstre, on fit encore appel à Dédale qui lui construisit une prison labyrinthique. Afin de satisfaire son appétit monstrueux, il fallut chaque année aller prélever en Grèce un tribut de dix jeunes gens et dix jeunes filles et les lui livrer en pâture. Le roi de Grèce s'inclinait, par suite d'une dette d'honneur ancienne contractée envers la Crète. Mais un jour, Thésée, son fils, décida de se mêler aux jeunes gens afin d'aller tuer le monstre et d'arrêter ces sacrifices inhumains. Son père tenta de l'en dissuader, mais rien n'y fit : Thésée lui dit que, si son navire hissait la voile blanche au retour, ce serait signe de victoire. Dans le cas contraire, on hisserait la voile noire. Avant d'être livrés au Minotaure, les vingt jeunes gens comparurent devant le roi et sa famille – sa femme et ses deux filles, Phèdre et Ariane. Cette dernière n'eut pas plus tôt vu Thésée qu'elle en tomba amoureuse. La nuit qui précéda l'entrée dans le labyrinthe, elle lui porta une pelote de fil d'argent qu'elle garderait à l'entrée, tandis qu'il en nouerait l'extrémité à son poignet. Lorsqu'il voudrait ressortir, il n'aurait plus qu'à suivre le fil. Ainsi fut fait. Pour la remercier, il lui proposa de l'épouser et l'enleva. Le reste de l'histoire n'est plus très clair. De héros, Thésée se mue en antihéros puisqu'il abandonne la pauvre Ariane sur une île, ou l'oublie, on ne sait exactement. Ce qui est sûr, c'est qu'Ariane, après s'être bien désespérée, est sauvée par un dieu qui l'épouse et lui confère l'immortalité, alors que Thésée continue ses bourdes puisqu'il se trompe de voile à son arrivée en Grèce, hisse la voile noire et cause le suicide de son pauvre père, Égée, qui se noie dans la mer (à la suite de cette triste histoire, la mer portera son nom).

À la manière de…

Étape 1 : monologue intérieur *(10 minutes)*

Il va simplement s'agir de choisir un personnage et un moment de l'histoire, et de faire raconter l'histoire à ce moment par le personnage, en un monologue, comme s'il était en train de la vivre.

Personnages : Minos, Le Minotaure, Ariane, Thésée, Dédale.

(Ariane abandonnée sur son île)
C'est tout moi, ça !
Abandonnée sur une île déserte ! Bravo, vraiment bravo ! Mais qu'est-ce qui m'a donc pris de suivre ce bellâtre, ce Thésée ? Dès

qu'on a pris la mer, d'ailleurs, j'ai vu à qui j'avais affaire ! Quel mufle ! Quel pleutre !

L'île est très belle mais absolument déserte.

Je haïssais le palais, les soupirs de ma mère, les silences de mon père, les cris des suppliciés. Mais ici, ça risque d'être pire !

Je regarde mes pieds, mes jolis pieds bronzés. Qui vont se dessécher...

Et là, à côté de mon ombre, j'en vois une autre se profiler, un peu plus claire. Je lève la tête. Oh ! Un être somptueusement beau se trouve devant moi ! Ah ! mais cette fois, on me la fera pas. Si jamais il se prend pour un sauveur celui-là encore, je lui nettoie le museau, moi !

Mais non, il ne dit rien. Il sourit. Il est vraiment très beau. Mais... il y a quelque chose de bizarre qui bouge derrière ses chevilles. Grands dieux ! Mais ce sont des petites ailes !

— Tu veux les mêmes ? me dit-il !

Voici un autre exemple de production employant un tout autre ton :

Dédale.

Incroyable ! Incroyable.

Jusqu'où iront ces rois ?

Quel malin génie les habite ? Ils changent mon intelligence en malédiction. Me voilà mis en cage dans mon propre cerveau ! Comme je hais ces débordements de gavés ! Minos, il faudra répondre de tes avidités ! Et toi, Pasiphaé, pauvre femelle au ventre affamé, tu vas être satisfaite. J'ajuste le dernier morceau du stratagème que tu m'as demandé. La cour est pire que la pire des jungles, tu n'en es que le produit, pauvre Pasiphaé ! Sans moi et sans ce simulacre, le taureau ne s'y tromperait pas. Lui est un vrai animal. Vous n'êtes pas de vrais humains. Te voilà devant moi, les yeux brillants de larmes, de désir et de honte.

Tu me demandes de me taire. Bien sûr, belle dame, je me tairai. Je suis votre serviteur.

Mon esprit t'appartient, quant à mon âme, elle a horreur de toi, quant à mon cœur, il te plaint en silence. Voilà, tout est prêt. Tu dis merci Dédale. Grand mal te fasse, ma pauvre reine !

Le tour de table est toujours drôle et surprenant.

À la suite de la lecture, vous pourrez, en toute légèreté, constater que nos choix de personnages sont souvent signifiants : dans le mythe, Minos représente le pouvoir, Dédale, le mental pur, le Minotaure, l'instinct (le pauvre ! enfermé dans le labyrinthe mental !), Ariane, l'intuition et Thésée, l'intellect éclairé. Il est d'ailleurs à remarquer que ce dernier est merveilleusement efficace tant qu'il reste relié à l'intuition – cette intelligence souvent nourrie par le cœur –, mais il fait des choix ineptes une fois que, sorti d'affaire, il l'a abandonnée. La fin le présente presque même comme un antihéros. À méditer…[1]

Étape 2 : transposition *(10 minutes)*

La suite de l'activité va permettre de prendre son essor dans la création personnelle, à partir de l'interprétation qu'on aura faite du mythe. Il ne faudra s'appuyer que sur notre écrit, et imaginer une transposition de ce passage dans un autre temps, d'autres circonstances, issues de notre réalité spatiale ou temporelle. Là encore, on utilisera la forme du monologue intérieur.

La transposition pourra déboucher dans un monde de fiction ou dans un fragment autobiographique, au choix. Elle aura la même valeur libératrice, d'une manière ou d'une autre. C'est juste une façon de presser le fruit de la sagesse mythique jusqu'à la dernière goutte !

Par exemple, Ariane (dans le texte ci-dessus) se trouve dans la situation la plus totalement désespérée : sa confiance, son amour

---

1. Dès que l'intelligence émotionnelle se met en veille, même le plus intelligent des êtres sur le plan mental mène une conduite d'échec. C'est même l'expérience fondatrice d'A. Damasio : un cadre très brillant, à la suite d'un accident, se trouve privé de l'utilisation de l'amygdale, la partie du cerveau centrale de l'activité émotionnelle. Aucune de ses facultés cognitives ne sont atteintes, et pourtant, il ne ressent plus d'émotions : dès cet instant, toute activité professionnelle ou privée cohérente lui ont été interdites.

ont été trahis, elle se trouve promise à une mort affective certaine, abandonnée sur une île absolument déserte. C'est au plus sombre moment que pointe une lueur d'espoir…

Ma mère m'a toujours dit que la cruche devait être pleine. Toujours. À l'entrée de la maison, elle disait, toujours une cruche pleine pour que ton mari puisse se laver les mains en arrivant. Ainsi, il aura moins envie de te battre.

Elle parlait bien, ma mère. Mais j'ai beau remplir la cruche, mon mari me bat tous les jours. Et je pourrais bien la remplir de mes larmes, la cruche. Elle disait aussi, ma mère, malheur à qui ôte sa burqa avant d'avoir fermé la porte derrière elle. Je fais tout comme elle disait et pourtant je pleure et je pleure encore. Quel espoir peut-il me rester ?

Mon mari m'a annoncé la venue de sa deuxième femme ce matin. J'attends devant la cruche pleine.

La voilà qui entre et ôte sa burqa avant même que la porte ne soit complètement fermée. Elle est si jeune !

— À deux, on sera plus fortes, dit-elle.

Quelque chose soudain s'élargit, s'assouplit dans ma poitrine. À deux ! Quelqu'un me dit : «À deux» et me parle d'être forte ! C'est comme une digue qui rompt et voilà que je me mets à rire. Un grand rire fort, large, magnifique. Je ne peux plus m'arrêter ! Mes yeux en pleurent. Elle rit, elle aussi. Nous essayons de ne pas faire de bruit mais, par ce grand rire, nous venons de sceller notre pacte.

Un jour, un jour, ma sœur, nous irons tête nue dans le vent, le visage offert au soleil.

Journal intime

Mogens, Jens Peter Jacobsen
Légende d'automne, Jim Harrison

Cette activité reposera tout entière sur la fiction. C'est-à-dire que le point de départ sera donné, et qu'on n'aura aucun élément autobiographique. Cependant, sans que l'on sache exactement de quelle façon, on aura bien laissé s'exprimer quelque chose de notre psyché.

Pour se lancer

Lisez tout d'abord la description suivante extraite de la nouvelle « Deux mondes » de Jens Peter Jacobsen.

> *« Le Salzach n'est pas un fleuve joyeux, et il se trouve un petit village sur sa rive orientale tout lugubre, tout pauvre, et d'un calme insolite.*
>
> *Telle une misérable troupe de mendiants souffreteux qui seraient arrêtés par l'eau faute de pouvoir payer le passeur, les maisons se dressent sur le bord extrême de la rive. (...) Les vitres noires et ternes regardent fixement sous l'avancée des toits en bardeaux, regardent fixement avec une expression torve de chagrin haineux les maisons plus heureuses qui, sur l'autre bord, sont répandues isolément deux par deux comme autant de grappes harmonieuses à travers la plaine verdoyante jusqu'à l'horizon noyé dans une vapeur d'or. Mais sur les*

> *maisons pauvres ne brille aucune lumière (...) sous le bruit du fleuve qui (...) va son chemin en murmurant tout seul comme las de vivre, comme étrangement distrait. »*

Demandez aux participants d'imaginer un personnage en résonance avec ce paysage. Un personnage qui pourrait vivre là, ou bien qui « ressemble » au paysage ou à une partie du paysage, d'une certaine façon.

> Jean est médecin biologiste. Son métier fait partie intégrante de sa vie. Il ne peut même un seul instant s'imaginer sur un autre chemin. C'est un axe limpide dans sa vie, et il se sent aussi limpide que ce choix. Jean s'est marié jeune, il a deux grands enfants. Il aime toujours sa femme, il n'a jamais eu même l'idée qu'il pourrait avoir envie d'une autre femme. Il a bon caractère, rien ne semble le blesser vraiment. Pas de cris dans la maison de Jean. Sa vie s'écoule paisiblement. Jean est un bon mari. Il fait tout ce qui doit être fait, tond la pelouse en temps et en heure, range le contenu du lave-vaisselle, cire les chaussures de toute la famille le dimanche soir. Mais la famille de Jean est immensément triste. Sa femme surtout.

Variante

Cette proposition constitue une alternative à la proposition ci-dessus, pour faire apparaître un début d'histoire dans l'imaginaire des écrivants et faire naître un personnage.

Étape 1 : la lettre *(5 minutes)*

Demandez d'écrire une lettre, sans réfléchir, une lettre simple, immergée dans le quotidien d'un personnage imaginaire. Il est possible de s'inspirer d'une histoire dont on se souvient, ou d'un fait divers dont on vient de lire la manchette, peu importe. On peut même commencer la lettre sans n'avoir aucune idée de la façon dont on va continuer ni du destinateur, ni du destinataire. Encore une fois, soyez rassurant, expliquez que cette étape est absolument inter-médiaire, c'est un marchepied vers la création d'un personnage. Vous devez avoir confiance : le processus de l'écriture se met en marche

186

de lui-même, surtout si on n'a aucune idée de départ ! J'insiste sur le fait que vous devez vous-même avoir vécu cette expérience pour être tout à fait convaincu, donc tout à fait convaincant.

> Ma chérie,
> Ici la mer est belle mais je m'ennuie de toi.
> Les enfants sont sages. Tout se passe bien. Élodie s'est un peu tordu la cheville hier, du coup, elle reste un peu tranquille.
> Tu me manques terriblement.
> Quand reviens-tu ?
> Demain j'irai voir Arnaud Lin pour lui commander du bois. L'an dernier nous l'avions rentré ensemble. Le soir, nous nous étions massé le dos.
> À bientôt mon cœur.
> Va jusqu'au bout de ta corde et reviens vite après.
> S.

Étape 2 : la lettre chiffonnée *(10 minutes)*

Demandez ensuite d'aller fouiller dans la corbeille à papier du personnage qui vient d'écrire et d'en ressortir une première lettre, celle qu'il avait écrite avant celle-ci et qu'il a roulée en boule avant de la jeter. Celle qu'il n'a pas osé envoyer, pour des raisons qui vont apparaître d'elles-mêmes. Demandez aux participants de déplier cette lettre en imagination.

> À toi,
> Ton souvenir s'envenime au fur et à mesure que ton absence s'allonge.
> Je sais pourquoi tu es partie.
> Ton absence fait de moi le coupable idéal aux yeux des enfants.
> Tu es bien vengée, va, maintenant.
> Vengée au point que je ne sais comment je pourrai te pardonner à mon tour.
> Je t'attendrai, ai-je le choix ?
> Je t'aimerai comme je t'aime aujourd'hui, avec cette triste folie qui ressemble à la mort beaucoup plus qu'à la vie.
> Nous sommes tous tristes et je ne suis pas loin de penser que tu te conduis mal. L'absence est pire que la colère.

Dès l'instant où se produit ce décalage entre ce que l'on dit et ce que l'on tait, les écrivants n'auront aucun mal à commencer un journal intime. Il se produit une sorte d'appel d'air qui va attirer tout un imaginaire. Le contour du personnage ne sera pas encore défini, mais sa densité psychologique permettra de le faire au fil des pages de son journal intime. L'intrigue, la tension dramatique, se dessineront d'elles-mêmes d'un jour à l'autre.

L'écriture du journal intime va donc commencer. Annoncez d'emblée le nombre de séquences d'écriture et lecture. Le nombre de cinq semble réalisable. C'est un rythme qui évite de piétiner longuement, mais qui permet tout de même bien des rebondissements.

Annoncez que les temps d'écriture dureront dix minutes environ, et qu'au cours d'un même temps, on peut très bien couvrir plusieurs jours. De plus, on peut aussi imaginer que le narrateur « laisse tomber » son journal pendant plusieurs années et le reprend un beau matin. L'ellipse est bien évidemment permise : le rythme de narration est donc totalement libre.

Vous allez ensuite donner des pistes d'écriture pour donner plus de confort aux écrivants. Lisez tout d'abord un extrait de la nouvelle de Jim Harrison : « L'homme qui abandonna son nom ».

> *« Seigneur Jésus je n'arrive pas à dormir et il est déjà 9 heures du matin. J'ai avalé plus d'alcool en une nuit que je n'en consomme habituellement en une semaine et je ne suis même pas éteint. (...) Je suis venu de Dorchester à pied dans une sorte de transe. Ce vieux nègre m'a fait de la peine et j'ai senti que ma gorge se serrait. J'ai envoyé une lettre à Henry en lui demandant d'accepter le matériel de pêche de mon père ainsi que son fusil de chasse. (...) Papa a dit cela à Henry, un jour qu'ils se trouvaient ensemble sur le lac. Henry lui a répondu que personne ne naissait ni ne mourait jamais. Papa lui a dit : "Henry tu es bourré de connerie jusqu'à la racine des cheveux." Et nous avons tous éclaté de rire. »*

Faites remarquer que le narrateur se répand rarement en description ou en analyse de ses sentiments. Il se contente d'évoquer ce qu'il vit, ce à quoi il pense éventuellement. Il alterne :

– narration d'un moment presque présent (au passé composé) ;
– réflexion ;
– souvenir proche ;
– souvenir lointain.

Faites aussi remarquer la logique d'association qui fait progresser le discours. L'enchaînement se fait sur un mot pivot, qui permet de passer d'une idée à une autre, d'un souvenir à un autre.

Proposez d'utiliser le même mode d'expression, naturel et propice au jeu du rêve éveillé.

Vous verrez à quel point les productions étonneront leurs auteurs eux-mêmes. Ils sentiront que tout cela leur parle de leur vie, mais sans comprendre toutes les allusions de leur écrit. Ils seront étonnés et, en même temps, mystérieusement allégés.

Gardez surtout le ton du rire et de la légèreté : on est complètement libre, il n'est pas question de chercher à analyser les tribulations que nous imaginons. Il se trouve que les précieux matériaux dont nous sommes porteurs nous permettent de créer ces histoires. Rien de plus. Le reste appartient, secrètement, à chacun.

> Journal d'un flou
> 15-9
> Les hirondelles sur un fil. Je les ai vues ce soir. Rassemblées pour leur voyage. Les vaches ! Qu'est-ce qui va nous rester ? Les hirondelles. «C'était toujours ma mère qui m'annonçait leur retour. Plus aucune hirondelle ne fera plus jamais le printemps.» C'est Peter Handke, je crois. Le ciel était rose derrière les fils. C'était un soir à croire en Dieu.
>
> 16-9
> Elles ne sont pas encore parties. Peut-être qu'elles ne partiront pas cette année. Je suis resté à les regarder. Toutes sur le fil à pousser leurs grands cris aigus. Ces longs cris si hauts dans le ciel. Parfois

l'une d'entre elles reprenait son vol, tournait un peu au-dessus, puis revenait prendre place parmi les autres. Qu'attendent-elles ? Quel mystérieux signal de départ et qui le donne ? Qu'est-ce qui démarre quand tout d'un coup ça démarre ? Ça, on dit ça, mais c'est qui, ça ? On dit toujours, ça va ? Faut qu'ça aille. «Faudra qu'ça aille ou que ça dise pourquoi ! disait ma mère. Et maintenant ? Est-ce qu'elle l'a eue, sa réponse ? Savoir si ça lui a dit pourquoi ?

17-9

Ça y est, les hirondelles sont parties. Ça fait un vide mais ça me tranquillise. Il faut qu'il y en ait à décider de suivre le bonheur où il va. Il y a ceux qui attendent et il y a ceux qui suivent. Et puis enfin, il y a ceux qui vont où bon leur semble sans se soucier de savoir si on les suit ou si on les attend. Mais pour faire ça, il n'y a que le soleil. Et les chats.

12-10

Marie n'avait pas faim ce matin. J'ai toujours peur quand elle n'a pas faim. Pour rien au monde je ne voudrais revivre ces moments. Ces allers-retours à l'hôpital et mon amour en train de mourir d'inanition. Ni elle ni moi n'avons vraiment compris ce qu'il s'est passé à cette époque. Mais elle est encore très maigre. Les salières, elle appelait ça, ma mère. Ses salières sont profondes. Ses yeux paraissent plus grands, presque mauves.

14-10

Marie n'a décidément pas de mine en ce moment. Je n'en ai pas parlé aux enfants. Au téléphone, on dit ce qu'on veut.
Et cet été qui ne veut pas mourir ! D'habitude, c'est le printemps qu'on attend. Moi, j'attends l'automne. Les feuilles rouges, rousses, jaunes. Là, il me semble que quelque chose va se poser. S'asseoir. Enfin. Soupirer.

15-10

Ce matin, je caressais son dos, ses épaules, ses fesses. Elle dormait encore. Ou bien faisait semblant. Je fermais les yeux pour mieux sentir sa peau sous mes doigts. Si douce, si souple, si douloureuse aussi. J'ai eu envie de la couvrir de mon corps. J'ai toujours peur de lui faire mal. Elle dit que non.

16-10

J'ai mis du lait pour le chat et je l'ai regardé laper. Le ciel était clair. Je suis allé au labo à pied. Ça sentait le temps d'avant.

26-12

Les travaux d'automne. Noël. Les enfants sont repartis ce matin. Ils ont dit qu'il fallait qu'on classe les photos. Vous allez nous fabriquer un passé a dit Claire. Je ne sais pas pourquoi, ces mots m'ont fait mal. Nous avons déménagé si souvent quand ils étaient petits. C'est vrai que j'ai peu de souvenirs avec eux. On était toujours ensemble mais je crois que je n'ai jamais décidé de faire réellement quelque chose avec Claire ou avec Ronan.

29-12

Ça y est, ça recommence. Mais pire. Je sens que cette fois, c'est. Je n'ai pas envie d'écrire cette horreur. Marie. Cette nuit, elle s'est réveillée en hurlant. Puis elle s'est jetée sur moi, elle m'a griffé, mordu, frappé. Un chat sauvage, une bête, une bestiole. Je l'ai presque assommée pour qu'elle s'arrête. C'est horrible. Jamais nous n'avons eu la moindre violence. En 28 ans ! Je l'ai cognée plus que de raison.

05-01

J'ai dû capituler. Ils l'ont emmenée. Elle serait morte de faim. Elle ne m'a pas dit un seul mot depuis cette nuit de folie. Je l'ai secouée. J'ai hurlé sous son nez. Mais bordel de bordel qu'est-ce que je t'ai fait ?

07-01

Je vais la voir en sortant du labo. Elle ne parle toujours pas.

08-01

Je ne suis pas allé voir Marie.

14-01

Parlé longuement avec le psychiatre. Il parle d'un traumatisme. Il m'a regardé d'un drôle d'air. Connard !

16-01

Je suis resté jusqu'à ce qu'elle s'endorme. Je lui ai pris la main. Elle me regardait et les larmes coulaient de ses yeux, sans arrêt. Ça a duré très longtemps. La rage de la serrer contre moi ne m'a pas quitté. Je n'ai pas bougé. J'ai peur qu'elle meure. (...)

17-01

Je n'arrive pas à comprendre pourquoi j'ai tout d'un coup envie de frapper Marie, de la meurtrir... Je n'ai jamais eu ces fantasmes-là.

19-01

Suis resté seulement un quart d'heure. Ça fait trop mal d'être en face d'elle. J'ai peur.

20-01

Marie m'a parlé aujourd'hui. Elle a juste dit : « Tu te souviens ? » Juste ça. Tu te souviens. J'ai eu à cet instant la sensation de sa trachée sous mes pouces. Une sensation irrésistible. Je l'ai regardée. Elle n'a pas détourné les yeux. Je t'aime Marie je lui ai dit. Elle n'a pas cillé elle n'a pas répondu. La fixité de son regard m'a anéanti.

05-02

J'ai regardé les photos de Marie. Toutes les photos. Les vacances. Les naissances, les anniversaires. Sa petite robe à fleurs corail. Ses bras ronds. Sa bouche. Son sourire. Et dans ses yeux toujours cette petite veilleuse de douceur. Ou de peur ? J'arrêterai de nourrir la bête qui pousse son mufle, qui grogne, qui fouille. Jusqu'à ce qu'elle me regarde en face. Depuis quand as-tu eu envie de tuer Marie ? Depuis quand est-ce que tu y penses ? Et Marie, pourquoi as-tu accepté de mourir ? Qui a commencé, mon amour ? J'ai hurlé comme un veau qu'on égorge. Pour entendre. Pour que la bête réponde. Je suis allé voir Marie. Tout le monde s'est écarté sur mon passage. Je devais puer. Comme un bouc.
Je me suis mis en face d'elle. Ils l'avaient assise sur son fauteuil. Je l'ai regardée en face. Fort. En pleine face. Plus eu peur de lui faire mal. Marie, tu le savais que je voulais te tuer ? Elle a agrandi les yeux. J'ai vu ses mains agripper les accoudoirs. Sa bouche s'est ouverte sur un cri muet. Je me suis contenu. Tu peux guérir. Je pars.

05-07

Je viens de retrouver ce cahier en cherchant les maillots de bain. Je l'ai relu en tremblant un peu.
Marie est arrivée derrière moi. Tout doucement. Elle m'a dit : « Il faut jeter tout ça, maintenant, d'accord ? » J'ai dit oui, j'ai dit c'est fini maintenant. Mais je pensais le contraire. Tout commence. Je sais où est l'ennemi. Il n'est nulle part dans le monde. Il est terrible et il est dans ma peau… Mais Marie n'en a plus peur. Je vais faire comme elle. Nous sommes deux… et il est seul.

Lettres de quelque part

Les Vrilles de la vigne, Colette

Cette activité concerne davantage un groupe d'adultes. La posture qu'elle sous-tend est en effet assez contemplative. Il s'agit de se livrer à une sorte de célébration d'un lieu, à travers une série de lettres qu'une seule personne écrira à un destinataire qui, ici, ne s'exprimera pas.

Vous pouvez lire cet extrait de « Jour gris » de Colette, tiré des *Vrilles de la vignes* :

> « *J'appartiens à un pays que j'ai quitté. Tu ne peux empêcher qu'à cette heure s'y épanouisse au soleil toute une chevelure embaumée de forêts. Rien ne peut empêcher qu'à cette heure l'herbe profonde y noie le pied des arbres, d'un vert délicieux dont mon âme a soif. (…)*
> *Et si tu passais en juin, entre les prairies fauchées, à l'heure où la lune ruisselle sur les meules rondes, tu sentirais à leur parfum s'ouvrir ton cœur (…).*
>
> *Ecoute encore (…) : si tu suivais, dans mon pays, un petit chemin que je connais, jaune et bordé de digitales d'un rose brûlant, tu croirais gravir le chemin enchanté qui mène hors de la vie… Le chant bondissant des frelons fourrés de velours t'y entraîne et bat à tes oreilles comme le sang même de ton cœur, jusqu'à la forêt là-haut, où finit le monde… *»

Vous pouvez également lire un extrait d'un guide touristique de la région de votre choix.

Utilisez la technique de la lettre recommencée (variante de l'étape 1 de la séance précédente sur le journal intime). Mais cette fois-ci, c'est un *autre* participant qui écrira la lettre jetée à la corbeille, après avoir choisi sa première lettre lors d'un premier tour de table. Il va garder le personnage ainsi créé pour en faire le destinateur d'une série de lettres. Le destinataire, qui n'apparaîtra pas ici, est en train de découvrir un pays, une ville, particulièrement chers au destinateur. Ce dernier aura à cœur de lui en faire apprécier les richesses, de lui faire ressentir ce qu'il y a lui-même ressenti. C'est un peu la voix de la nostalgie prêtée à la découverte d'un lieu.

Ce passage par l'échange épistolaire permettra de l'animer. L'idée est à proposer à un groupe de personnes attachées à leur ville, ou qui ont au contraire envie de se réconcilier avec un lieu qu'elles habitent sans l'avoir choisi. Il va s'agir de donner un éclairage sensible et humain au réel.

À la manière de…

L'écriture va s'opérer en quatre temps, quatre lettres, quatre tableaux précis d'un lieu de la ville où une étape de sa propre histoire s'est déroulée. Le destinateur parlera au destinataire de ce lieu qu'il a aimé, l'invitant à mettre ses pas dans les siens. On peut imaginer tout ce qu'on veut, le levain de l'ensemble étant la nostalgie de cet endroit où le destinateur ne peut plus revenir.

Chaque étape correspondra donc à un ancrage dans un quartier particulier, et durera 10 à 15 minutes.

Chaque lettre aura la forme d'une recommandation : « Si tu passes par, regarde bien… », « N'oublie pas d'aller… » ou encore : « En face de…, il y a… ».

La technique donne de jolies choses, mais elle a surtout le mérite de permettre à chacun d'investir affectivement la ville qu'il habite. Elle permet aussi de croiser des regards sur un seul lieu et aussi d'offrir à la ville qui accueille votre atelier d'écriture un recueil cadeau. En ce qui concerne l'exemple de production, il fait partie d'un recueil que la ville de Saint-Malo a édité sous le titre : *Les cris des goélands m'empêchent de partir.*

Toulon, le 6 avril
Ma chérie,
Tu vas bientôt arriver dans ta ville, celle que tu as choisi d'habiter. Tu sais, je suis vraiment heureuse que ce soit toi qui gardes la maison. Comme ce m'est étrange que cette ville sorte de mon rêve pour devenir ta réalité ! J'y ai vécu vingt-deux ans. (…) Comment ai-je pu y rester si longtemps, je me le demande encore. Comment ai-je pu la quitter, je me le demande encore. Je l'ai détestée, cette ville de solitude et de pierre froide, suspendue quelque part entre terre et lumière ! Pourtant, dès le début, elle s'est glissée sous ma peau comme une écharde.
Ma chérie, j'aimerais que tu arrives *intra-muros* par Saint-Servan, en passant au-dessus des écluses, ou mieux encore, par le petit bus de mer qui joint Dinard à Saint-Malo. Il part toutes les heures, c'est un petit bateau aimable et opiniâtre. C'est important, la première image ! Tu vas la voir, comme ça, posée à même la mer, grise et pâle, et quels que soient le temps et la couleur du ciel, je te le promets, tu te sentiras gagner un royaume. (…)
La ville te fera fête si tu sais bien t'y prendre. Commence par en faire le tour. Elle aime bien qu'on prenne son temps, qu'on n'entre pas tout de suite dans ses murs. (…) Tu trouveras des escaliers juste à la sortie de l'embarcadère, porte de Dinan. Il y aura des joueurs de boule et des promeneurs au petit pas. (…) Monte directement sur le rempart… Là-haut, pars vers l'ouest et arrête-toi sur l'esplanade Duguay-Trouin. Installe-toi. Elle est là, sage, immense, inaliénable. La mer. Fie-toi à l'horizon. Et aime tous les temps. La lumière, la lumière, la lumière. Approche-toi du mur. Assieds-toi sur le plan incliné du rempart. (…) Tu sentiras à cet instant que quelque chose de toi ne peut pas, ne pourra pas mourir. Pourquoi ? À cause de l'espace, immense, à cause du ciel entier qui tient dans tes poumons, à cause de la couleur bleu vert profond de l'eau, à cause de la tendresse (…) que tu porteras au monde.
Commence bien, ma douce. (…) Retrouves-y tout le bonheur que j'y ai laissé. Je t'embrasse. À bientôt de te lire, j'espère.
Axelle

Toulon, le 24 avril

Ma chérie,

Tu n'imagines pas le plaisir que m'a fait ta lettre! Ainsi, tu te sens bien, ici, tu n'as pas manqué ton entrée. Tu as touché le cœur de Saint-Malo, directement! Quelle chance aussi d'être arrivée par un de ces jours miraculeux où l'air est immobile, où l'odeur du varech monte jusqu'au pied de la cathédrale et où, comme tu le dis, on a l'impression de marcher dans un songe! Et la douceur de ces matins de printemps te donne une telle euphorie! Tu as bien fait de profiter de ce temps pour pousser jusqu'au Grand Bé et voir la tombe de Chateaubriand. J'aime la sobriété de cette croix de granit si petite, si ramassée, si éloquente dans cette immensité bleue (…).

Que j'aime à t'imaginer là-bas, heureuse de découvrir, rachetant par ta jeunesse en liberté ce long combat que j'y ai mené! Vois-tu, il y a un endroit que j'aime tout spécialement. On l'appelle l'éventail, à cause de la forme de la digue qui joint le quai à la plage. Là, chaque vague caresse la pierre, lascive, rythmée. Ce mouvement m'apaisait à marée haute. Me dilatait aussi l'odeur de l'eau verte, puissante, indomptable. La respirer me donnait l'impression de boire une gorgée revigorante. Toujours. Presque toujours.

Car j'ai parfois surnagé à grand-peine sur une eau noire et folle dans ce pays de hautes solitudes. Tu sais, il faut que tu le saches, si un jour le chagrin te traverse. Ici, la lumière est à briser le cœur tellement elle est tranchante. Parfois il te semblera qu'il n'y a pas de place pour glisser une goutte de ton âme dans ce paysage si dense, si sûr de lui. C'est ainsi aussi que sont les Malouins. Rectitude, dureté, esseulement. Ici on meurt en silence plutôt que d'appeler à l'aide. La beauté est dangereuse, elle rend orgueilleux, elle donne l'illusion de la complétude. (…) Sous ce vaste horizon, il te semblera que rien de ce qui est humain n'importe vraiment. Cela fait partie du lot. Saint-Malo, la froide, la grise, la minérale te rendra parfois toute petite par un de ces matins gris où le vent dispersera tes pensées (…). Ce vent est âpre, mordant, insistant. Nulle part tu ne pourras t'y soustraire. Souviens-toi dans ces moments-là, je suis là. Tu peux revenir quand tu veux.

Je t'embrasse, ma toute belle.

Axelle

Toulon, le 20 septembre

Ma sirène,

Passé ce long été où je n'ai eu aucune de tes nouvelles, tu peux supposer combien ta lettre m'a rendue heureuse. À vrai dire, je ne me faisais pas trop de soucis pour toi. Et j'avais raison. Tu as navigué. (…) Je puis sans peine imaginer ton émerveillement en approchant de Chausey et de ses 365 îlots à marée basse, microcosme de verdure et de fleurs, posé loin de la terre, là où l'air a un goût. Tu dois être toute brune de soleil et toute douce des caresses du sable, si chaud, si vieux et si rajeunissant.

L'automne à présent va venir et c'est la saison qui convient le mieux à Saint-Malo. Oui, oui, je t'assure. Le mois des tempêtes est le meilleur de tous. Il y a sur les remparts une petite tour à laquelle on accède par un court escalier en colimaçon. De là-haut, tu te trouves en prise directe avec la folie du temps. Car si le vent est cinglant, coupant, difficile, la tempête, elle, est généreuse dans sa démesure. (…) Va t'accrocher aux rambardes rouillées qui enserrent la tour, elle te lessivera la tête. Rien ne lui résiste, ni peur, ni désir, ni souvenir. Elle te prend, te roule, te maltraite, avec une bienveillance que je n'ai vue qu'aux longues caresses violentes des mères indiennes quand elles massent leur bébé. (…) La tempête te ramènera à toi-même et fera taire tous tes doubles. (…)

Te le dirai-je ? C'est cela qui me manque maintenant que je suis partie. La force violente de l'air, de la vague et du sel. (…)

De là où je t'écris, l'été n'en finit pas de finir. Pourtant la terre a soif et certaines feuilles commencent à jaunir.

Ma chérie, je te souhaite un bel automne, un véritable automne. Je te souhaite d'être malmenée, bouleversée, cernée, tenue. Je te souhaite toute l'exigence de ce pays. Il va falloir commencer à montrer de quoi tu es capable. Tu n'as jamais vraiment senti le goût de la solitude. Ça va être le moment : ou tu sautes sur son dos, ou bien elle te piétine. Et l'hiver sera long.

Bien à toi.

Axelle

Toulon, le 18 mars

Ma chérie,

Ici, pour ainsi dire, il n'y a pas eu d'hiver. Les matins et les nuits sont glacials, mais les midis s'enivrent d'un bain de lumière.

Comme le ton de ta dernière lettre a changé ! Bien sûr que tu peux venir passer toutes les vacances que tu veux, ici. Tu le sais bien, voyons.

(…) Je sens à une certaine brisure dans tes mots que tes yeux ont dû gagner une petite ride, très fine, très fine. Elle te va bien. Ces rides-là sont plus belles que celles de l'ennui. Je t'avais avertie, ce pays ne vous laisse pas indemne. (…)

 Connais-tu, à Saint-Servan, un petit jardin suspendu qu'on appelle le parc des Corbières, juste au-dessus de la crique de Bon Secours ? C'est ici qu'il te faut aller les jours où tu ne crois plus au printemps. Tu montes un chemin escarpé entouré de buis et d'arbustes aux feuilles persistantes et tu t'assieds sur un banc, juste en face d'un mouchoir bleu, un éclat de mer entre deux branches. Juste la caresse de sa couleur, à l'abri du vent. (…) Restes-y longtemps, le temps qu'il faudra. Jusqu'à ce que ton cœur s'apaise.

Et puis maintenant, écoute. De toi à moi. Je le savais mais il faut bien qu'un jour tous les combats s'achèvent : Saint-Malo me manque. Je soupire après sa dureté, je soupire après la fermeté de mon cœur. En le quittant j'ai quitté ma jeunesse. Cette longue glissade sur sa peau lisse et dure, ce long combat pour la percer, pour abreuver mes racines, ce long combat a été la colonne vertébrale de ma vie. Je m'y croyais parfois en exil, comme toi, ma pauvre petite cigale. Je sais aujourd'hui que l'exil était moi, que j'étais l'exil. Et que par conséquent ce pays était seul habitable. J'y ai été heureuse. Plus que partout ailleurs peut-être, lors même que je ne le croyais pas. Viens en vacances tant que tu veux, mais au bout d'un moment tu seras saisie de l'envie du lutteur qu'appelle encore le ring.

(…)

Ne te trompe pas.

Derrière les arcades de la tour Solidor, il y a un sentier un peu secret tout bordé d'ajoncs. C'est le moment d'aller t'y asseoir. Regarde l'eau. Et arrête le temps. Quelques minutes suffiront. Ne me dis pas ce que tu auras vu. Je l'ai vu avant toi. Mais j'ai attendu plus longtemps. Il m'a fallu du temps avant de savoir qu'ailleurs n'existe pas, jamais, où qu'on se trouve. C'est Saint-Malo qui me l'a dit.

À bientôt, je t'attends, pour une semaine ou plus. Je t'embrasse.

Ma cigale.

Axelle

Polyphonie familiale

Aucun dieu en vue, Altaf Tyrewala
Cahier de notes, Katherine Mansfield

Cette activité permet de faire circuler une communication incroyablement vivante au sein d'un groupe. À utiliser pour fédérer une équipe de travail ou un groupe de classe discordant !

C'est un roman indien qui m'a donné l'idée de cette proposition. La littérature indienne offre souvent une vision du monde d'une grande richesse, une approche foisonnante de la réalité. Comme si la pensée indienne, un peu en avance sur la pensée occidentale, avait un usage habituel de l'approche multiple de la réalité. Chez nous, seule la science sait qu'il y a trois mille façons et plus de comprendre un phénomène. La physique même se retourne sur elle-même puisque les lois de la physique quantique sont diamétralement opposées à celle de la physique traditionnelle[1]. Il semblerait qu'en Inde la chose soit déjà intégrée aux schémas de pensées : on n'est pas dans une relation duelle entre spiritualité et raisonnement, les deux font bon ménage dans une réalité complexe.

Justement, le titre du roman qui va nous servir de modèle est *Aucun dieu en vue*.

---

1. Voir à ce propos *La nouvelle physique de l'esprit : pour une nouvelle science de la matière* d'Emmanuel Ransford, paru en 2007 aux éditions Le Temps Présent.

Ce roman fait indéfiniment passer la parole d'un personnage à un autre. Nancy Huston avait déjà accompli cet exercice acrobatique avec *Prodige*, où le récit est alternativement pris en charge par les quatre personnages principaux de l'histoire. Ici, le principe est poussé un peu plus loin encore puisque chaque personnage ne s'exprime qu'une seule fois : l'histoire trouve chaque fois une nouvelle ramification avec ce nouveau personnage, mais on reste du début à la fin dans la même réalité.

Chaque personnage utilise le ton du monologue intérieur, à mi-chemin entre le journal intime et le monologue théâtral.

Tout commence avec le monologue d'une femme, mère de deux jeunes gens, puis c'est le tour de son mari, puis du fils, de la fille enceinte, du médecin avorteur qu'elle va solliciter, puis le père de ce dernier, le vendeur employé du père qui veut émigrer en Occident parce qu'il est musulman, son grand-père qui a converti la famille à l'islam, etc.

Chaque intervention est profondément reliée à la précédente : les personnages sont de la même famille, ou partagent une même réalité géographique ou professionnelle, et pourtant, l'histoire nous promène dans les milieux incroyablement différents de la société indienne. Les interventions sont de différentes longueurs, mais il vaut mieux en citer une très brève, parce que c'est ce que vous allez demander aux participants : peu de mots, beaucoup de poids.

> *« Ubaid*
>
> *La maison, c'est là où maman me poursuit les mains chargées d'une bonne platée, des poèmes surgelés plein les yeux. Là où papa fait retentir sa désapprobation et où ma sœur, Minaz, pour échapper à la scène, s'enfuit comme un écureuil apeuré.*
>
> *Mon cœur n'est pas chez lui à la maison.*
>
> *Je passe mes journées à hanter des contrées cybernétiques désolées, à chater avec des inconnus désincarnés – en quête d'une maison, d'un cœur.*
>
> *(…)*

M. Khwaja

Il y a vingt-six ans, j'ai épousé une femme qui se croyait poète. Elle m'a donné deux enfants : un fils qui, quand il ne dort pas, est connecté à Internet, et une fille qui n'est jamais à la maison.

Nous vivons ensemble, sommes encore mariés, cette femme et moi.

Mais la poésie a déserté nos existences. Je ne la connais plus. »

Après vous être imprégnés de cette écriture, vous allez procéder par étapes.

Supposons que votre atelier comprenne huit participants, plus vous, car comme toujours, vous écrivez, cela fait neuf.

Étape 1 : carnet intime *(5 minutes)*

Écrire quelques phrases de carnet (le carnet est constitué de traits et d'instantanés), en pensant aux derniers événements de notre vie, durant la semaine qui vient de s'écouler. Ce sont des traits, sans liens entre eux, qui émergent au sujet des événements qui viennent de se vivre, des réflexions, des questions, ce qui se tapit au plus profond de l'expérience.

Pour cette étape, inspirez-vous de cet extrait des carnets de Katherine Mansfield, *Cahiers de notes*, formés de fragments épars qui accompagnent son douloureux chemin dans la maladie.

« "Courage ma chérie." Mais ces douces paroles furent fatales. Les larmes coulèrent aussitôt.

Le pas imperceptible et silencieux du temps.

Le mot égocentrique me hante.

Ce qui m'importe, c'est d'essayer d'apprendre à vivre – vivre vraiment – et en lien avec toute chose – pas isolément (cet isolement est pour moi mortel.) »

À la manière de…

Étape 2 : problématisation et représentation allégorique *(15 minutes)*

À partir des notes que nous venons d'écrire, nous allons essayer de trouver une ou deux questions qui nous occupent actuellement, qui nous préoccupent peut-être. Cela peut être une question sur l'attitude à avoir avec d'autres personnes, ou toute autre problématique émergeant de notre expérience actuelle.

> Combien de temps un lieu met-il à nous ressembler ?
> Comment vivre où on nous méconnaît ?
> Comment passer de la codépendance à l'interdépendance ?

Choisissez ensuite une de ces questions et s'appuyer sur son pied d'appel métaphorique : la transformer en personnage, comme vous l'avez fait dans l'exercice de l'allégorie.

Soyez rassurant avec les écrivants : toutes les idées qu'ils auront seront bonnes. Nous sommes dans un univers de convention subjective, pas dans un mécanisme de correspondances objectives. Comme lors de la création de personnage du conte, il faut simplement créer de toute pièce un personnage que nous allons arbitrairement charger d'une problématique précise. C'est vraiment une expression issue de l'inconscient : vous ne saurez jamais pourquoi il aura donné naissance à cette figure au moment où il se sera emparé de la problématique. Plus tard, peut-être, en relisant le travail, vous trouverez des débuts d'explication, mais l'essentiel est bien dans le travail souterrain que va vous permettre cette transposition symbolique. Donc, proposez aux participants de s'imprégner de leur questionnement et de commencer à écrire sans savoir ce qui viendra sous leur plume. Leur personnage sera celui que leur inconscient aura choisi pour représenter la problématique.

> Comment passer de la codépendance à l'interdépendance quand on aime une personne dépendante de quelque chose ?

> Elle lave le linge de tout le monde. Et elle y met du cœur. De temps en temps, elle se relève, elle plaque les deux mains sur ses reins

et elle se cambre en offrant son visage au soleil. Alors ses seins pointent loin devant elle. Quand elle parle, elle parle fort, avec de grands mots tout crus et élastiques, des mots qui vous enveloppent et vous habillent sans vous entraver. Quand elle rit, c'est à gorge déployée. Quand elle travaille, elle pince les lèvres, elle tord le linge, comme on tordrait le cou d'un ennemi, d'un tortionnaire. Elle lave le linge de tout le monde et avec l'argent qu'on lui donne, elle nourrit ses petits. Du bon lait de chèvre et du pain tout blanc. Son homme ne va pas boire avec les autres et ses petits sont toujours près d'elle à grouiller à côté du lavoir. Ses joues sont fermes et sa bouche très rouge. Son homme va pêcher la morue tout l'été, alors l'hiver est sa belle saison. Elle y prend des forces et ne va plus battre le linge. On se débrouille sans elle.

Étape 3 : monologue intérieur *(10 minutes)*

Faites parler votre personnage. À la manière du texte indien que vous allez lire aux participants, vous allez les inviter à faire parler le personnage, sur le mode du monologue intérieur. C'est de ce texte-là que va partir la production : le récit polyphonique commence avec le texte suivant qui va en être la première voix, le texte précédent n'en était que la préparation.

> J'ai fini la saison. Les feuilles sont toutes tombées. L'automne est mon printemps à moi. Mon homme est de retour. Les soirs de printemps affolés du chant des merles, à bercer les petits, les matins au lavoir qui s'éternisaient jusqu'à des six heures du soir, à battre et à rebattre encore les mauvais rêves de leurs draps blancs et à rincer les toiles avec la belle eau claire, les casse-croûte rapides et leur petite bouche à remplir, tout ça, c'est terminé. Vous laverez votre linge vous-mêmes, mesdames. Moi, j'ai fait mon magot, je vais me chauffer tout l'hiver et vous tourner le dos. Mon homme va oublier Terre-Neuve et ses maudits doris en comptant nos petits et mes rides autour des yeux. L'automne est arrivé, c'est mon printemps à moi.

Étape 4 : canon familial *(10 minutes par figure familiale)*

Le travail qui va suivre est inspiré de la technique des constellations familiales, une thérapie brève, découverte et mise au point par Bert

Hellinger[1] (thérapeuthe et ex-missionnaire dans une communauté zouloue).

Chaque écrivant va faire une liste de personnages liées familialement à sa créature. Cette liste sera fantaisiste ou choisie selon l'intuition qu'on aura des personnes de notre famille liées de près ou de loin à cette problématique.

> Le petit-fils
> Le grand-père (père de sa mère)
> La grand-mère (mère de son père)
> Le fils
> La sœur
> Le père
> La mère
> L'enfant qui n'a pu naître

Après un premier tour de table, les histoires vont commencer à tourner, vers la droite. C'est-à-dire que chacun va prendre en charge le premier personnage de la liste de famille liée à l'histoire de son voisin de gauche et le faire intervenir à son tour en un monologue intérieur. Les écrivants ne choisiront pas les personnages, ils les prendront dans l'ordre proposé par la liste.

> Le petit-fils
> Ma femme est «maîtresse d'école». Nous avons deux enfants. J'ai du mal à dire «nous». Je ne la rencontre plus. Je ne sais pas comment les choses se sont progressivement, très progressivement défaites.
> Parfois je me demande si elle n'est pas en train de devenir folle. Elle oublie de plus en plus de choses. Même des choses importantes. L'autre jour elle m'a raconté qu'elle était rentrée à la maison sans aller chercher le petit à la crèche, qu'elle a dû repartir dare-dare. Est-ce qu'une femme normale peut faire des choses pareilles ? Ma mère me racontait que sa propre mère l'oubliait parfois à l'école, mais c'était une époque où la vie était dure, elle était lavandière, elle avait huit

---

1. Bert Hellinger, *La maturité dans les relations humaines. Liberté, sentiment d'appartenance et liens affectifs*, éditions Le Souffle d'Or, 2002.

ou neuf enfants, son mari allait risquer sa vie à Terre-Neuve tous les ans. Non, ma femme n'a pas la même vie que ma grand-mère, je suis là moi, je la décharge de beaucoup de choses. De temps en temps, elle me regarde sans me voir, l'autre jour elle a fait «Chut!» aux œufs dans la casserole qui étaient en train de bouillir en cognant contre les parois. Je crois que son métier la bouleverse, la capture. Comment sommes-nous devenus si fragiles, tous?

Après le tour de table, l'histoire fait une nouvelle rotation vers la droite. Le personnage qui va naître à présent sera le second sur la liste.

Le grand-père
À l'Assistance, ils m'ont dit que j'avais un nom. C'est déjà ça. Ils m'ont dit que mes parents étaient mariés et qu'ils m'ont abandonné en me laissant mon nom. C'est tout. Comme pedigree, c'est léger. Ils m'ont abandonné en me laissant mes bras. Et puis mes mains au bout. Avec ça, par contre, je n'ai pas fait semblant. Je n'ai eu que mon travail pour montrer qui je suis. Ceux qui m'ont élevé ne m'ont pas maltraité, mais ils n'avaient rien pour moi, je n'étais pas leur fils. Je suis venu en ville. Et je gagne ma vie.
Et maintenant qu'est-ce que je vais lui dire, à cette jeune fille aux yeux noirs? Est-ce que je vais oser lui dire que je suis de l'Assistance avant de lui demander de m'épouser?

Nouvelle rotation de l'histoire vers la droite.

La grand-mère
Et encore un! C'est vraiment sûr, cette fois.
Mon Dieu, je n'aurais pas cru possible de tomber enceinte pendant qu'on allaite. Eh bien me voilà dévorée par deux louveteaux en même temps. Celui de dehors et celui du dedans. Quatre grossesses en quatre ans! Est-ce que ça va durer toute la vie comme ça? Ils vont me faire mourir, tous. C'est sûr. Je donnerais n'importe quoi pour ne plus accoucher. Je donnerai n'importe quoi. Mais pas la peau de mon homme sur ma peau ni son doux poids sur mon corps. Comme il me dévore, ce petit! Il ne doit pas avoir assez de lait. L'autre en dessous doit tout lui lamper. Que faire, mon Dieu, que faire? C'est si féroce, la vie!

Nouvelle rotation de l'histoire vers la droite.

> Le fils
> Jamais vu ma mère autrement que seule, à trimer pour nous élever.
> Elle travaillait sans arrêt. Tout l'été. Je la revois toujours brandir son battoir comme une furie. Je crois que c'est pour ça qu'on se tenait tout le temps à carreau, rien qu'à la voir battre son linge on avait peur. Et je vous assure qu'on filait doux, mes petits frères et moi ! Mais on n'a manqué de rien. Du pain blanc tous les jours ! Et l'odeur de l'herbe, des foins coupés, les mûres et les framboises à côté du lavoir.
> Elle me dit maintenant que mon père rentrait tous les hivers. C'est drôle, moi, je ne m'en souviens pas, de mon père. Est-ce que c'est qu'il passait son temps au lit ou au bistrot quand il était là ? Je ne sais pas. Je n'ai jamais osé le dire à ma mère, mais… je n'arrive même pas à me souvenir de la couleur de ses yeux !

Et ainsi de suite : la sœur, le père, la mère et enfin l'enfant qui n'a pu naître, jusqu'à l'ultime étape : le retour à la parole du premier personnage de la constellation familiale mise en place au cours de l'atelier.

Étape 5 : retour à l'envoyeur *(10 **minutes**)*

L'histoire revient à la personne qui a inventé le premier personnage, après avoir fait le tour de la table. Cette dernière reprend alors en charge le monologue intérieur de son personnage, à un moment de résolution définitive. En s'inspirant inconsciemment de tout ce qu'elle vient d'entendre lors des précédents tours de table, elle va imaginer l'instant où son personnage se libère enfin. Nous sommes toujours dans la fiction : tous les événements sont permis !

> C'est lui ! Je le reconnaîtrais entre mille. Dans la foule du quai, ses yeux m'ont trouvée, dans la multitude des hommes massés au bastingage, mes yeux l'ont accroché. Toutes les femmes autour de moi viennent de retrouver les yeux de leur homme, tous ces fils invisibles viennent de se tendre, comme chaque fois, comme chaque

fois. Mais cette fois-ci, mon homme, on me le ramène pour de bon. Terre-Neuve, c'est fini. Ils me l'ont usé jusqu'à la corde, mais il est désormais comme les vieux draps, plus doux, plus souple. Je le garde, maintenant. Il ne sentira plus le sang et la mer, il embaumera la lavande de nos nuits, le soleil de nos jours. Mon pauvre vieux, il va voir le premier printemps de sa vie depuis son enfance. Nos petits sont partis maintenant. Ce qu'il nous reste, c'est trois bouchées de pain blanc. Et des brassées de fleurs.

Cette séance devra s'étaler sur deux, voire trois heures. Elle se déroule dans la légèreté, dans le jeu, mais elle repose sur une communication profonde, d'inconscient à inconscient, puisque les écrivants vont prendre en charge une histoire qui n'est pas la leur et vont pourtant la renseigner. La théorie du contact des inconscients, qui sous-tend la technique des constellations familiales demeure controversée puisqu'elle ne repose sur aucune vérification scientifique, mais dans ce domaine, il faut être aussi prudent avec l'incroyance qu'avec les croyances : les recherches sur le fonctionnement de l'esprit humain ont déjà fait apparaître tant de vérités inimaginables il y a seulement un siècle ! Il paraît prudent de « douter de ses incroyances », comme l'écrivait Romain Gary dans *La Promesse de l'aube*.

Il n'en demeure pas moins que bien des patients ont résolu des problèmes persistants à la suite d'une constellation familiale, il n'en demeure pas moins non plus que chacun repart véritablement allégé aussi à la suite de cette séance. L'objet de ce livre n'est pas de théoriser, contentons-nous donc de dire que l'expérience est très riche, divertissante et émouvante, tout à la fois.

L'animation de cette séance demande absolument de l'avoir vécue en tant que participant. Il ne faut pas se conduire en thérapeute, ce qu'on n'est pas, mais il faut tout de même faire sentir qu'on se démarque de la production de texte pure.

Fiction brève

 ***Contes glacés***, Jacques Sternberg

Pour se lancer

On peut ouvrir cette séance sur un petit jeu d'animation consistant à proposer à chacun de lancer une proposition à tour de rôle, afin que chacun la complète à sa guise :

> Si le bonheur était obligatoire…
> Il suffit
> Tout le monde…

À chaque condition, les autres membres écrivent la proposition correspondante :

> Je laisserais les autorités compétentes s'en occuper.
> Je serais très malheureux

Les résultats sont souvent surprenants et drôles :

> ***Il suffit d'un cheveu sur la langue*** pour dire «ze t'aime» avec un charme fou.
> ***Il suffit de tendre la main*** pour qu'on vous y mette un balai et un torchon.

Il suffit d'un sofa, Sophie, pour trouver la sagesse des sophistes entre tes bras soyeux.
Tout le monde il est beau, moi seule je ne suis pas gentille.

Cette activité va nous permettre de nous élancer en toute liberté, loin de notre histoire, de notre expérience, et de nous livrer à la libération d'un exercice projectif.

Le narrème

Tout va partir d'un narrème. Ce qu'on appelle un narrème est la particule élémentaire, l'unité fondamentale du récit. Un fait et une cause suffisent pour constituer un narrème.

Roland Barthes en parle comme d'une « petite nébuleuse de causalité ».

Voici un extrait de « L'Affiche » tiré des *Contes glacés* de Jacques Sternberg qui laisse une grande place au narrème cher à Barthes :

> C'était une énorme affiche, très haute, très large, un fond de couleur livide sur laquelle se profilait une énorme fille qui allait vider un gigantesque verre de vin bien sanglant, bien tonique.
> À part cela, l'affiche faisait face à un carrefour dangereux, tellement dangereux qu'un jour un camion fit une embardée pour éviter un piéton, il tourna sur lui-même, alla ensuite se flanquer en pleine affiche, frôlant les pieds de la jeune fille, sans la toucher toutefois.
> Le chauffeur lui non plus ne fut pas atteint.
> Mais il resta stupéfait en regardant l'affiche : elle était intacte, en effet, mais le verre de vin était vide. La jeune fille, prise de panique, l'avait vidé d'un seul coup.

À la manière de…

Étape 1 : écrire un narrème *(10 minutes)*

Commençons dès à présent par laisser jouer le hasard. Chaque participant va demander ses matériaux à trois personnes différentes. Il demandera :

À la personne A un personnage.

> Un homme d'une soixantaine d'années.

À la personne B une action ou une non-action.

> Ne pas sortir de chez soi.

À la personne C une cause.

> La pluie.

Rien de très compliqué ! À partir de là, il va écrire un narrème :

> Comme la pluie tombait, l'homme décida finalement de ne pas sortir.

Étape 2 : divination *(10 minutes)*

Procurez-vous un jeu de tarots de Marseille. Les cartes en sont un peu énigmatiques mais viennent de la nuit des temps. Ces tarots servent à des fins divinatoires, aussi sont-ils riches en détail qui frappent l'inconscient. Il n'est surtout pas nécessaire d'en connaître la signification qu'on leur attribue habituellement. Les tarots sont un livre d'images dédié à l'humanité. Numérotées de zéro à vingt et un, les figures (nommées aussi « arcanes majeurs ») sont censées représenter le cycle d'une migration humaine. Laissons faire le hasard et laissons-les germer dans notre imaginaire.

Vous allez donc proposer à chacun de choisir une carte au hasard dans l'amas de cartes que vous aurez disposées au centre de la table, faces cachées. À l'issue de chaque tirage, on va écrire une suite au narrème ci-dessus, puis une suite de l'histoire à l'aide de la deuxième carte tirée, etc. Chaque tirage induira donc une nouvelle étape de la fiction.

Premier tirage : le diable

Bien sûr, cette carte doit servir seulement d'inspiratrice et suggérer une suite qui s'adapte au narrème de départ. Il n'est pas nécessaire de la prendre au pied de la lettre, mais simplement de laisser l'histoire se former d'elle-même dans le souffle de l'image.

> C'était la plus simple des solutions mais aussi la plus périlleuse, et même, la plus sulfureuse. Rester chez soi, c'était rester à la merci de ses vieux démons, immergé dans le bain poisseux de cette solitude complaisante. Il essaya un peu de lutter, puis, lâchement, alluma la télé.

Deuxième tirage : la tempérance

L'image représente une belle jeune femme en train de verser une coupe bleue dans une coupe rouge : avec le mot tempérance, on peut imaginer tout un jeu de forces qui cherchent à coopérer pour s'équilibrer. Mais on peut aussi voir beaucoup d'autres choses : l'interprétation est totalement subjective.

> La soirée passa ainsi, sans espoir mais sans désespoir. Être seul, ce n'était pas si difficile. Il se versa un verre de Bourbon et se cala plus confortablement. De quoi pouvait-il bien avoir à se plaindre ? La pluie redoublait au dehors et il était à l'abri. Demain il ferait jour, il ferait sec, il sortirait. Il irait au bar de l'Étrave faire son billard du soir, il offrirait un demi à une ou deux personnes et la vie suivrait son cours. Une soirée de solitude ne le précipiterait pas en enfer, tout de même !

Troisième tirage: *la lune*

Là encore, on pourra s'engouffrer dans tout l'imaginaire lié à la lune, mais aussi s'attacher à un détail de la carte.

Il se coucha mais n'arriva pas à trouver le sommeil. Que deviendrait-il toutes ces années qui lui restaient à vivre sans combat? Sans autre but que son billard du soir? Sans autre ennui que la pluie? Sans autre amour que lui-même? Au fil des heures nocturnes, sa vie se fit de plus en plus lourde. Il se leva et alla regarder par la fenêtre. La pluie s'était calmée et la lune était même sortie des nuages. Il eut envie de lui parler, de lui adresser des remontrances, mais n'osa pas, de peur de se croire fou. C'est souvent pour cette raison qu'on ne fait pas ce qui nous aurait sauvé. Toute sa vie il avait été tellement raisonnable! Il avait évité tous les soucis, il avait su faire tout ce qu'il fallait faire pour vivre rationnellement. Rien n'était venu se mettre en travers de son chemin, il avait fait une carrière honorable, il n'avait jamais été malade, sa maison lui appartenait et il s'y sentait tout à fait confortable. Personne ne l'avait jamais fait souffrir, il s'était tenu à l'abri des intrigantes et avait toujours su flairer ceux et celles qui voulaient l'utiliser. Il n'avait jamais beaucoup regardé la lune et s'était toujours protégé correctement du soleil. Il n'avait rien à se reprocher, il n'avait nui à personne, il avait toujours donné des étrennes aux pompiers, aux facteurs et à l'Unicef. Il retourna se coucher et attendit le sommeil.

Quatrième tirage: *la justice*

Le nom et la représentation allégorique de la carte induisent un arrêt, l'heure des comptes, mais aussi la décision. L'épée de la justice semble prête à s'abattre…

À présent qu'il se trouvait à la retraite, il se demandait ce qu'il pouvait se demander. Et il ne trouvait rien. Il se dit que la vieillesse allait venir, mais qu'elle ne lui enlèverait rien. Il se dit que la mort allait venir, mais qu'elle ne le soulagerait de rien, ni ne le priverait beaucoup. N'y a-t-il rien de plus désespérant que de n'avoir aucune raison de vivre ni de mourir? Quelle justice y avait-il dans tout cela? La vie avait été fastoche, la mort le serait aussi. Et alors? Il se demanda ce qu'il pourrait se donner comme défi. Pas un trop grand défi, ce n'était pas la peine de se donner plus de mal que ne l'avait voulu sa destinée. Mais un petit défi tout de même.

Cinquième tirage: l'impératrice

La carte donne une impression de majesté, de triomphe, de grâce.

Autour de cinq heures du matin, il avait fini par trouver. Il allait chercher une amie. Pas une copine, pas un ami. Non, une amie. Il allait chercher. Il allait écumer les salons de thé, les centres de bien-être, les jardins publics, les bibliothèques, tous les endroits que les femmes fréquentent quand elles ont du temps et de l'énergie inemployée. Il allait trouver une amie. Juste quelqu'un à qui tenir la main sans la lâcher. Pour corser la manœuvre, il se donna un délai : la fin de l'année. Oui, avant le 31 décembre, il y aurait dans sa vie une personne dont il faudrait se soucier.
Rasséréné, il se coucha et s'endormit comme un enfant.

Dialogue avec son double

 ***Nuit de décembre*, Alfred de Musset**

Destinée plutôt aux adultes, cette activité est un exercice de réconciliation avec ses choix, une sorte d'antidote au regret.

Au cours de notre existence, nous avons dû faire des choix. Certains d'entre eux ont donné à notre existence une trajectoire complètement différente de ce qu'elle aurait pu être si nous avions pris l'autre choix.

Vous pouvez commencer la séance en lisant cet extrait d'un poème de Musset intitulé « La Nuit de Décembre » :

> *« (…) Comme j'allais avoir quinze ans,*
> *Je marchais un jour, à pas lents,*
> *Dans un bois, sur une bruyère.*
> *Au pied d'un arbre vint s'asseoir*
> *Un jeune homme vêtu de noir,*
> *Qui me ressemblait comme un frère. (…)*
>
> *Je m'en suis si bien souvenu,*
> *Que je l'ai toujours reconnu*
> *À tous les instants de ma vie.*
> *C'est une étrange vision,*

Et cependant, ange ou démon,

J'ai vu partout cette ombre amie. »

Nous allons à présent imaginer que nous nous retrouvons face à face avec l'autre ! Celui qui a choisi l'autre chemin, et qui se trouve, bien des années après en face de nous. En quoi nous est-il semblable ? En quoi diverge-t-il ? Comment est-il physiquement ? Comment est-il habillé ? Comment nous parle-t-il ? Est-il sympathique ? Arrogant ? Malheureux ? Peut-on avoir envie d'être cette personne ?

Demandez de prévoir un temps de portrait descriptif, puis de laisser s'écouler un dialogue entre soi et soi.

C'est dans la ravine que ça s'est passé. Je peux dire que ça m'a fait un drôle d'effet ! Elle était là, un peu décalée, dans un rayon de soleil, appuyée à un arbre, les mains bien posées à plat sur l'écorce. Pas de maquillage. Pas trop de rides, juste un petit quelque chose d'affaissé dans le bas du visage, une sorte de pesanteur. Un regard dur, aussi, bizarrement posé sur son sourire. Nous nous sommes assises côte à côte sur le talus. Elle plus lourdement que moi, il me semble. C'est moi qui ai entamé le dialogue.

— Toujours mal au dos ?

— Terrible. Parfois je ne peux plus bouger. Mais bon, ça passe. Et puis ça ne me gêne pas d'être un peu immobilisée. Tout le monde est gentil. J'aime bien. Et toi ?

— Non, plus jamais mal au dos. Et le reste ?

— Il ne faut pas être trop exigeant. Ce que je veux, moi, ce sont des moments comme ça, rien qu'à moi. Il faut si peu de chose pour être heureux, tu ne crois pas ?

— Pas vraiment, non. J'ai comme l'impression qu'il en faut plus.

— Plus ? Tu veux quoi, alors ? La sagesse, c'est le plus simple. Le bonheur est donné par surcroît.

— Sagesse, mon œil ! C'est une belle couche de vernis par-dessus tout le reste ! C'est ton côté ravi de la crèche, toujours contente, toujours l'air de pas y toucher, tout en menant ton monde à la baguette !

— Tu me prends pour un tyran ?

— Un tyran, non, simplement, tu es toujours sûre d'avoir raison.

— Pas toi ?

— Non, pas moi.

Elle m'a regardé avec une certaine… compassion ou admiration ? Les deux, peut-être.

— Tu n'as pas choisi le chemin le plus facile, on dirait, reprend-elle. Je te croyais pourtant guérie des aventures perdues d'avance.

— Ça, d'accord. Mais je n'ai plus mal au dos, et j'ai connu des chemins que, même toi, la sage, tu n'aurais eu ni le courage ni la bêtise de refuser.

— Et maintenant ? Moi, tu vois, je suis tranquille, maintenant. J'ai fait ce que je devais et je ne m'ennuie jamais.

— Tu pries, j'imagine.

— Oui, bien sûr. Pas toi ?

— Pas comme toi. Toi, tu es superstitieuse, tu vois des signes partout. C'est une religion de mendiante.

— Eh bien dis donc ! La tienne ne t'a pas rendue très tendre !

— Tendre ! Quelle idée. J'aime qui j'aime, c'est tout. Donc, tu es heureuse ?

— Vraiment, oui.

— Tu as l'air d'une mine mal taillée pourtant.

— Eh bien je vais te dire, je me fiche complètement de l'air que j'ai.

— Moi je ne m'en fiche pas. Je suis là, et ça tire de tous les côtés. Toi tu flottes en douceur sur les choses. Tu traites les plantes comme des hommes et les hommes comme des plantes, alors bien sûr, comme ça, ça va toujours ! Tu ne comprends pas ?

— Non, vraiment, excuse-moi, je ne comprends pas. Je ne te trouve pas très paisible.

— Plus vivante, tu me l'accordes ?

— Je ne sais pas ce que tu veux dire. J'ai réalisé beaucoup de choses, pour moi c'est ça, être vivant.

— Il y a une expression qui dit que l'enfer est pavé de bonnes intentions… et de bonnes consciences.

Elle s'est levée, échevelée, souriante.

— À la prochaine, elle a dit.

— Si tu es encore là !

J'ai dû lui faire peur, je ne suis pas gentille !

Dialogue intérieur

Enfance, Nathalie Sarraute

Cette activité s'adresse à tous les âges et toutes les conditions de vie. Quoi que l'on soit en train de vivre, on pourra la suivre avec beaucoup de profit. Elle résonnera longtemps et on y pensera souvent dans les jours qui suivent l'atelier.

Elle vise à traiter une difficulté du moment, un de ces comportements sur lequel vous pensez n'avoir aucune prise, et qui évidemment vous fait souffrir. Vous avez beau essayer de vous arc-bouter sur la difficulté, vous ne réussissez qu'à aggraver votre sentiment d'impuissance. Un passage par le symbolique peut changer les données du problème.

Étape 1 : traits et instantanés *(5 à 10 minutes)*

Vous pouvez commencer la séance en proposant aux participants d'écrire quelques phrases de carnet (voir les séances sur l'instantané et le trait du cycle I), en pensant aux derniers événements de notre vie, durant la semaine qui vient de s'écouler. L'idée est d'essayer d'y trouver une ou deux questions qui nous occupent actuellement, une « problématique » insistante.

> Distance et proximité, le défi permanent.
> Cette odeur de grésillement et de fleurs en Provence !
> Ce qu'il faut rendre solide dans la vie ? La légèreté !

Dans la guerre contre l'inquiétude, commencer par se rassurer soi-même, sans attendre que les événements deviennent rassurants.

Étape 2 : petite bourrasque de pensées *(5 **minutes**)*

Proposez maintenant aux écrivants de faire une petite liste non exhaustive des pensées qui les traversent dans la journée.

Puis une liste des pensées qui les traversent avant de s'endormir.

Enfin, une liste des pensées qui les traversent durant une insomnie[1].

Les tours de table sont toujours drôles et soulageants. Soulagement de rire de soi, soulagement de partager ce rire avec les autres, d'être unis dans ce même sentiment de bienveillance amusée pour ce pauvre nous qui prend tout au tragique !

Tout de même, ce bouillonnement va se réduire dans le silence suivant, au cours duquel vous allez proposer de tirer de toutes ces pensées la pensée la plus sérieuse, celle que nous n'avons peut-être pas dite, et qui constitue pour le moment la toile de fond de tous nos soucis.

Insistez bien : la problématique doit concerner la personne elle-même, une tendance, une posture qu'elle n'arrive pas à trouver, et non un aspect de son environnement. On ne peut agir que sur soi-même, mais du fait de la nature interdépendante de nos existences, notre changement profond, réel, en induit forcément d'autres autour de nous…

Demandez de la synthétiser dans une phrase que l'on ne lira pas. Elle appartient à notre monde intime, et l'atelier n'est pas un ouvre-boîte ! La retenue fait partie du pacte de sécurité.

Cependant, ici, pour rendre le propos plus compréhensible, nous allons partir de la phrase suivante.

---

1. Voir Dominique Loreau, *L'Art des listes*, Marabout, 2008.

Avoir en même temps l'impression d'avoir tout donné et celle qu'ils ont bien peu reçu de nous, ceux que nous voulions combler. Pourquoi ce paradoxe ?

Étape 3 : allégorie de la question *(10 **minutes**)*

L'étape suivante consiste à utiliser le langage allégorique. C'est un tournant décisif qui demande une grande décontraction. Cette question centrale, nous allons la transformer en personnage.

Pour cela, il faut vraiment être totalement abandonné à son émotion, à ce que l'on ressent vis-à-vis de cette problématique. Ici, c'est la plume qui dirige, pas la tête.

Citez à nouveau la célèbre phrase d'Aragon : « On pense comme on écrit, et non pas le contraire. » Plus on laissera aller, plus le trait se forcera, plus on se sentira libre. Il faut arriver à un véritable personnage de fiction, un archétype invraisemblable, une caricature de nos sentiments indistincts. Il n'est pas mauvais même, que ce personnage nous insupporte. On n'a rien à justifier. Pour lancer la machine, proposez une phrase de départ, sur le modèle d'une formule de Georges Sand[1] :

> *« Il est des âmes qui ne manquent pas de… mais simplement de… »*

Et c'est parti !

Il est des âmes qui ne manquent pas d'humilité mais simplement de dignité. Elle était efficace et effacée. Du matin au soir, son pas trotte-menu caressait les dalles de la maison, de la cave au grenier. Elle frottait, cousait, repassait, secouait, ajustait. L'œil fixe et le regard sans faille. Pas une minute en jachère dans sa journée. Elle était celle pourtant que l'on ne voyait pas, que l'on ne cherchait pas, à qui on ne s'adressait pas. Elle ne relevait pas les yeux de son ouvrage. Il était impossible de franchir le mur transparent de son

---

1. Georges Sand, *Pauline*, Gallimard, 2007.

humilité pour lui dire quelque chose. Tout son corps repoussait l'autre. Ses maigres épaules sous ses robes sombres, son corps sec et sans courant vital… une négation de corps ! Il était impossible de l'aimer, ou même de l'estimer. Elle n'était pas. Un sacrifice tellement gênant qu'on préférait ne pas le voir. On finissait par penser qu'on lui faisait une fleur en lui permettant de se dépenser pour nous. On n'osait penser au vertige qui la saisirait au bord de l'abîme de sa vie si un jour, par hasard, elle devenait vivante. On la remerciait poliment, elle répondait à peine par un plissement de la commissure des lèvres. Personne n'avait jamais su qui elle était. Une tante ? Une nièce ? Une filleule ? Au fond, nous lui en voulions tous un peu, elle nous rendait complice de son parcours mortifère. Nous nous sentions utilisés plus que servis, mais personne n'eût été assez monstrueux pour se l'avouer. Elle avait tout donné et cependant nous sentions qu'elle se servait de nous ! Son don était plus venimeux qu'une franche indifférence.

Étape 4 : dialogue intérieur *(20 **minutes**)*

Vous pouvez relire un extrait d'*Enfance* de Nathalie Sarraute, pour aider les écrivants à trouver leur ton :

> *« — Alors, tu vas vraiment faire ça ? « Évoquer tes souvenirs d'enfance »… Comme ces mots te gênent, tu ne les aimes pas. Mais reconnais que ce sont les seuls mots qui conviennent. (…) Il n'y a pas à tortiller, c'est bien ça.*
>
> *— Oui, je n'y peux rien, ça me tente, je ne sais pas pourquoi…*
>
> *— C'est peut-être… Est-ce que ça ne serait pas… On ne s'en rend parfois pas compte… C'est peut-être que tes forces déclinent…*
>
> *— Non, je ne crois pas… Du moins je ne le sens pas… »*

À la manière de…

À vous de jouer à présent…

Maintenant, on revient à notre propre vie. Et ce personnage, là, cette créature issue de nos méandres, on va lui parler. Lui dire notre façon de penser ! Elle répondra, bien sûr. Elle va se défendre, sinon nous n'aurions pas le temps de nous ancrer dans ce défi. C'est un défi, parce que la fin doit vous trouver réconciliés. Soyez très clair là-dessus : il faut être arrivé à un consensus, un compromis, voire une entente. Pas facile, mais en écriture, on a tous les droits et tous les pouvoirs !

— Tu as fini ?

— Presque, presque ! Mais après, il y aura les draps à plier.

— On va le faire ensemble, si tu veux.

— Non, non, j'ai l'habitude, reste tranquille.

— Pourquoi tu ne t'arrêtes jamais une minute ?

Silence.

— Pourquoi tu ne restes pas un peu sans rien faire ? Dis-moi ce que je peux faire pour toi.

— Mais rien, rien… Je fais ce que j'ai à faire, c'est tout !

— Bon, mais si moi aussi j'avais besoin de faire quelque chose pour toi ?

— Mais… Je ne sais pas, moi. Débrouille-toi !

— Eh bien j'ai besoin de toi. Tu comprends ? J'ai besoin de toi !

— Qu'est-ce que tu veux ?

— Que tu t'asseyes là, en face de moi. Que tu me dises quelque chose. Que tu me parles de toi. Pas de moi. De toi.

— Que veux-tu que je te dise ? Il n'y a rien à raconter !

— Si, si et si. Dis-moi ce que tu penses !

— Mais… rien ! Je ne pense rien !

— Tu ne te rends pas compte comme tu es agaçante à ne rien vouloir pour toi ! Tu ne pourrais pas une fois, juste une fois nous demander quelque chose ? Tu nous prends pour des nuls ou quoi ? On n'a rien, nous à te donner ? Réponds ! Tu ne peux pas penser qu'on a besoin que tu aies besoin de nous ?

Elle accélère ses mouvements, elle ne répond pas.

— Si tu continues à ne rien me dire, je pleure, je crie, je casse tout !

— Bon, arrête, calme-toi.

— Tu donnes trop ! Tu fais de nous des monstres.

— Mais c'est votre affaire, ça. Conduisez-vous comme vous voulez.

— C'est ton affaire aussi. Arrête, arrête ! Tant pis si ça devient la pagaïe ici. Arrête ! Tu ne nous as jamais rien laissé faire. Tu penses qu'il n'y a que toi qui fais bien. Laisse-nous faire de travers, mais laisse-nous faire. Tu comprends ça ?

— Bon.

— Explique-moi comment les plier et les ranger ces bon sang de draps.

— Tu sais bien, tout de même !

— Eh bien non je ne sais pas. Montre-moi, explique-moi !

— Mais à quoi je servirai si vous faites tout à ma place ?

— Et bien tu serviras à rien. À rien. Et là, tu commenceras à nous être un peu utile.

— Bon. J'ai tout faux, alors. Sur toute la ligne ?

— Mais il n'est pas trop tard pour changer ! Assieds-toi.

— Bon. Et je veux bien un peu de thé. Puisque je n'ai pas le droit de bouger !

— À la bonne heure ! Je t'apporte ça. Tu prends du sucre ?

— Ni sucre ni lait.

— Bon, et maintenant, tu saurais m'embrasser ? Non, pas comme ça, pas avec le menton en avant. Un gros vrai baiser ! Qui fait du bruit !

— Bon voilà. Et ce thé ?

— Il arrive, il arrive. Et moi aussi j'arrive. Enfin ! Tu vas commencer à devenir fréquentable ! Sens-moi ça. Il sent bon, ce thé non ?

— Oui ma petite. Très bon. Meilleur que tout ce que j'ai bu jusqu'à présent.

Cette pratique semble simpliste, et on a toujours tendance à se méfier de ce qui est trop simple, ou pas assez cher, ou pas assez douloureux… Pourtant, qu'on le croie ou non, elle a « débloqué » bien des situations, permis de prendre des décisions judicieuses au bout de quelque temps. Comme une brûlure qui continue sous la peau lors même que le feu est éteint en surface, l'image symbolique fait son petit nettoyage au fil des semaines qui suivent, sans crier gare, sans crise ni secousse. Il ne faut pas sous-estimer le formidable pouvoir curatif que notre vie recèle.

Échec : mode d'emploi

Comment rater complètement sa vie en onze leçons,
Dominique Noguez

Pour se lancer

Commencez par demander aux participants de faire une liste de choses à rater.

Tant qu'à faire, encouragez-les à choisir ce qui leur tient à cœur, mais à entrelarder aussi avec de toutes petites choses qui les atteignent bien tout de même lorsqu'ils les font échouer.

> Rater le permis de conduire.
> Rater l'éducation de ses enfants.
> Rater une histoire d'amour.
> Rater une crème renversée.
> Rater des retrouvailles.
> Rater un voyage.

Dominique Noguez a écrit un livre extrêmement drôle : *Comment rater complètement sa vie en onze leçons.*

Très divertissant, le texte donne aussi à son lecteur une sorte de soulagement. C'est la leçon par l'inverse, un peu à la façon d'Erickson, dont on raconte qu'enfant, il avait fait avancer un âne qui ne voulait pas rentrer à l'écurie en le tirant justement par la queue en arrière ! Rien de plus libérateur que de rire de ses propres attitudes négatives.

Dominique Noguez force le trait, mais toujours de façon si juste qu'on se sent forcément concerné par toutes ces tendances humaines :

> « *Principe n° 8 : Ressassez*
> *On a beau se donner raison, il arrive que les faits, qui sont têtus, comme chacun sait, vous donnent tort (…) : "volte-face", "remords", excellents mots d'ordre à condition d'être mis au pluriel (…), car en les multipliant dans des sens contradictoires, telle la girouette déboussolée par gros temps, vous arriverez à ce merveilleux et exténuant surplace qu'on appelle ressassement. Reconstruisez intérieurement la scène, refaites cent fois le geste que vous avez fait et que vous n'auriez pas dû faire. Commentez autour de vous en gémissant. Mieux : parlez tout seul dans la rue, laissez échapper de vos lèvres tordues par l'angoisse des bribes de phrases incohérentes. Faites-vous bien mal. Mais surtout…*
> *Principe n° 9 : Ne tirez jamais la leçon d'un échec.* »

Nous allons expérimenter ensemble une utilisation de ce mécanisme.

À la manière de…

Après avoir choisi dans sa liste, on va tout simplement développer son « ratage » sous la forme d'une recette de cuisine.

L'exercice est plus important qu'il n'en a l'air. Dans le foisonnement des facteurs d'échec que l'on va développer, il en est certainement dont on n'est pas exempt. Simplement, tout cela peut être dit sans douleur parce qu'on force le trait à l'extrême.

> *Rater sa relation avec son propre enfant.*
> (L'exercice est difficile, ça n'est pas à la portée du premier venu.
> Si ça vous semble trop difficile, contentez-vous de rater son éducation.)
> Ne lui parlez jamais autrement qu'en criant.
> Si vous lui adressez des remontrances musclées, demandez-lui pardon juste après.
> Demandez-lui toujours la permission de sortir ou de faire quoi que ce soit sans lui.

Soyez béat d'admiration et racontez ses exploits à tout le monde.

Faites-vous un maximum de soucis et persuadez-vous qu'il n'arrivera jamais à s'en sortir sans vous.

Ne le désignez jamais par son prénom tout court, mais dites toujours : «le pauvre machin» ou «la pauvre chose».

Critiquez systématiquement tous ses goûts.

Apprenez-lui à mentir.

Découragez-le de découvrir quoi que ce soit, dites-lui que vous avez déjà essayé.

Fouillez systématiquement sa chambre tous les jours.

Dites dix fois par jour : «Après tout ce que j'ai fait pour toi !»

Quand il sera parti, pleurez chaque fois que vous lui téléphonez.

Brouillez-vous tout de suite avec son ou sa partenaire dès qu'il ou elle en aura un(e).

L'exercice est destiné à faire rire, et en même temps, à s'inoculer soi-même un vaccin contre toutes les imbécillités qu'on est capable de faire lorsqu'on doit accomplir les choses qu'on a le plus peur de « rater » !

L'Atelier d'Écriture Partagé, la révolution de l'intérieur

Découvrir son propre pouvoir de résolution
en ressentant sa vie profonde

Notre vie a des pans cachés, nous vivons la plupart du temps sur un minuscule territoire de nos possibilités, le champ du connu. Freud compare l'esprit humain à un iceberg : la partie immergée, inconsciente, en représente les sept huitièmes, l'esprit conscient, un huitième. C'est dire le courage que nous avons pour vivre tout de même en essayant de faire des choix conscients !

Mais si Freud considère l'inconscient comme un adversaire, Erikson, à la suite de Jung, le considère comme notre allié et notre guide le plus précieux.

En schématisant, on peut dire qu'il occupe l'activité du cerveau droit qui détermine aussi le comportement, puisqu'il est spatial, global, synthétique. Le cerveau gauche, quant à lui, linéaire, analytique et séquentiel, détermine le langage. Attention, il n'existe pas de pensée strictement rationnelle ni de pensée strictement intuitive : il n'y a pas de cloison étanche entre les deux hémisphères. Mais il est nécessaire de faciliter les relations inter-hémisphériques.

Selon Erickson, il y a blocage lorsqu'il n'y a plus partage démocratique entre cerveau droit et cerveau gauche, quand le gauche a pris les pleins pouvoirs et ne sait plus lâcher prise.

Le cerveau droit, moins confiné dans des règles intangibles, plus flexible, est plus apte à générer le changement.

Heureusement, nous traversons plusieurs fois par jour la communication hypnotique eriksonnienne dans laquelle nous ne sommes pas dépossédés de notre libre arbitre. Cet état participe à notre équilibre mental. Plusieurs activités polarisent le cerveau gauche et induisent cet état : les transports, les sports d'endurance, la concentration totale sur une activité (l'état de fluidité), l'écoute passionnée. Cette autohypnose permet de se libérer de l'esprit critique pour mettre ses ressources en culture. C'est par le truchement de ces états d'ouverture que nous accédons à notre pensée créatrice qui combine et exploite les compétences complémentaires de nos deux cerveaux.

Si la pensée rationaliste est le royaume du « pourquoi ? », la pensée créative est celle du « pourquoi pas ? ».

Dans la situation de confiance de l'Atelier d'Écriture Partagé, on se trouve exactement dans la situation propice à l'harmonisation de nos deux cerveaux : état de fluidité alimenté par notre liberté émotionnelle et écoute concentrée. Si on dirige, en plus, notre activité vers l'écriture de la fiction, on se dote d'un pouvoir supplémentaire.

L'écriture est un véritable outil de création : les mots ont un poids. En atelier, ils sont à la fois écrits et oraux, en direction de destinataires multiples, ce qui impressionne notre subconscient d'autant plus profondément. Il faut donc faire attention aux prédictions qui s'autoréalisent : « La prédiction est fréquemment la cause principale de l'événement prédit », dit Thomas Hobbes.

Notre écriture est capable de nous renouveler, elle nous donne l'expérience de notre pouvoir intime sur nos vies.

Donner un corps à notre énergie inconsciente : la mission du Petit Poucet

Le langage métaphorique permet de percevoir des liens, d'établir des ressemblances. La métaphore suggère des pistes au cerveau droit tout en court-circuitant les limitations apprises du cerveau gauche. Elle décloisonne la pensée et déjoue les résistances au changement.

Lorsque ce langage nous permet de créer un personnage qui incarne notre conscience, ou bien la difficulté du moment, ou tout autre chose sur laquelle on a besoin d'agir, alors les tribulations de ce personnage vont agir par elles-mêmes. Dans la technique d'animation que je viens de vous proposer, l'esprit conscient ne sait pas comment va se dérouler l'histoire, le personnage fait son petit bonhomme de chemin de lui-même, talonné d'ailleurs par la limitation de temps. Une seule obligation pour le cerveau gauche : se débrouiller pour que l'histoire finisse bien. Il est bien obligé de négocier avec le cerveau droit et il y arrive ! Le dispositif est particulièrement sensible avec la nouvelle-instant (cycle II) ainsi qu'avec le conte et le dialogue intérieur (cycle IV).

Toutes ces expériences d'écriture sont vraiment capitales : il y a souvent un « avant », très distinct de « l'après ». On repart de l'atelier en s'étant découvert un super copain… dans sa propre peau.

Ça paraît trop simple ? Et pourtant… La logique de l'esprit émotionnel est associative : elle considère que les éléments qui symbolisent une réalité équivalent à la réalité elle-même. C'est pourquoi les métaphores, les images parlent directement à l'esprit émotionnel. C'est pourquoi aussi l'écriture de la fiction nous recrée bien plus profondément encore que ne le fait l'écriture autobiographique. Cependant, il faut être passé par le stade de sincérité induite par l'écriture autobiographique pour accéder à une véritable liberté d'écriture.

Changer concrètement

Dans son livre *Du désir au plaisir de changer*, Françoise Kourilsky développe (entre autres réflexions extrêmement éclairantes) la notion de recadrage, en tant que « changement de point de vue conceptuel et émotionnel, qui ne vise pas à la vérité mais à l'efficacité d'un autre point de vue ». « Le recadrage doit respecter l'écologie de l'autre tout en provoquant l'étonnement et la motivation suffisante pour changer. »

Au contraire de l'approche analytique qui s'intéresse aux causes passées de la difficulté présente, la thérapie systémique exploite la fonction utile d'un dysfonctionnement pour favoriser le changement. Elle est orientée dans le sens futur → présent → passé, ou bien présent → futur → passé, et non dans le sens linéaire passé → présent → futur. Elle conçoit le passé comme un réservoir d'apprentissages et de ressources.

La démarche de l'Atelier d'Écriture Partagé présente des aspects communs avec l'approche systémique. Elle utilise toute l'expérience vécue, consciente ou non, comme carburant de la communication. Elle s'appuie de tout son poids sur les souffrances, les difficultés, et s'en sert pour faire du présent une création véritable.

Lorsque, dans les activités du cycle IV, nous nous adressons à notre problématique du moment ou que nous l'envisageons d'un autre point de vue, nous ne sommes plus contenus par nos conditions de vie mais nous les englobons au contraire. Nous expérimentons un jeu possible dans le mécanisme, un espace d'action personnelle. Ce faisant, nous nous octroyons un droit fondamental qui bouleverse en profondeur les rails de nos comportements.

C'est bien un sentiment de révolution qu'on a souvent en quittant un stage de découverte de l'Atelier d'Écriture Partagé. Révolution de l'intérieur, révolution humaine : on a découvert qu'on est un univers à la fois autonome et interdépendant, capable de prendre une plus grande part de responsabilité dans la construction du réel.

L'Atelier d'Écriture Partagé : une bombe de paix

L'humanité a considérablement développé son potentiel mental et son intelligence cognitive. Elle est aujourd'hui capable de véritables miracles sur le plan technique, l'individu peut atteindre un haut niveau de performance analytique et spéculative. Mais en ce qui concerne les relations interpersonnelles, nous faisons trop souvent face aux difficultés de la société postmoderne avec un dispositif psychologique datant de la préhistoire. Il y a un décalage spectaculaire entre l'évolution de l'individu et le primarisme de son rapport aux autres.

Nous avons deux esprits : l'un pense, l'autre ressent. Le problème, c'est qu'ils communiquent mal. La conscience émotionnelle est accessible au corps, mais pas au cerveau cognitif. Or la partie du cerveau où siègent les émotions joue un rôle clé dans l'architecture neuronale. Cela confère aux centres de l'émotion un immense pouvoir sur le fonctionnement du reste du cerveau, y compris sur les centres de la pensée et des fonctions cognitives. La circulation ne se fait que dans un sens : si l'intelligence émotionnelle agit sur l'intelligence cognitive, l'intelligence cognitive, elle, n'a pas le moindre pouvoir sur l'intelligence émotionnelle.

« L'intelligence théorique ne prépare pas un individu à affronter les épreuves de l'existence et à saisir les opportunités qui se présentent. Et pourtant, lors même qu'un QI élevé ne garantit ni la prospérité, ni le

> *prestige, ni le bonheur, nos écoles font une fixation dessus et négligent l'intelligence émotionnelle, autrement dit l'ensemble des traits de caractère qui influent énormément sur notre destinée. Comme les maths ou la lecture, la vie affective exige un ensemble spécifique de compétences. L'aptitude émotionnelle est une méta-capacité ; elle détermine avec quel bonheur nous exploitons nos autres atouts, y compris notre intellect[1]. »*

L'intelligence émotionnelle est une attitude maîtresse qui influe profondément sur les autres en les stimulant ou les inhibant. Elle englobe :

– la capacité de percevoir ses propres émotions ;
– la capacité de les utiliser pour s'automotiver ;
– la capacité de les maîtriser ;
– l'aptitude à l'empathie ;
– la maîtrise des relations humaines[2].

Elle repose sur des capacités que l'on peut apprendre à développer.

Or, l'Atelier d'Écriture Partagé est capable de développer chacune de ces capacités. C'est en ce sens que l'on peut en parler comme une bombe de paix : tous les établissements scolaires qui ont su le mettre en place de façon régulière et intégrée au temps scolaire ont radicalement changé d'atmosphère.

L'Atelier d'Écriture Partagé, creuset de paix intrapersonnelle

Percevoir ses propres émotions

> *C'est difficile de pouvoir laisser par écrit ce qu'il y a à l'intérieur, au plus profond de nous. L'atelier d'écriture a réussi à nous le faire faire.*
>
> *Marylou, 15 ans.*

---

1. Daniel Goleman in *L'Intelligence émotionnelle*, docteur en psychologie, journaliste au *New York Times*.
2. *Ibid.*

La première composante de cette intelligence est de savoir reconnaître et comprendre ses propres sentiments : les émotions inaccessibles à notre conscience exercent une influence sur nos actions, d'où l'importance d'apprendre le plus tôt possible à les reconnaître et à les nommer. Seulement, l'apprentissage cognitif est inopérant dans ce domaine, puisque par définition, il ne s'opère que lorsqu'on est libre d'émotion.

Comment définir une émotion autrement qu'à partir de l'expérience vécue, ressentie ? En revisitant les expériences passées, on devient petit à petit capable de trouver ce milieu subtil entre émotion, création et raisonnement. L'expression s'affine par l'échange, par l'écoute empathique et l'imprégnation. La mutualisation des expériences accélère les prises de conscience individuelles.

Les utiliser pour s'automotiver

L'atelier d'écriture, c'est une récréation où on travaille.

Adrien, 14 ans

L'atelier d'écriture, c'est réaliser le plus grand rêve de nos crayons.

Pauline, 13 ans

L'atelier d'écriture, c'est l'esprit qui fait vivre.

Gaétan, 14 ans

L'écriture permet d'accéder à un réservoir inépuisable, celui de nos émotions, de nos souvenirs, de toute cette richesse qui ne trouve jamais à s'exprimer.

L'écriture personnelle, autogénérée, permet de faire l'expérience de la *fluidité*. La main écrit toute seule, on est hyperconcentré mais cela ne demande aucun effort, ça « coule tout seul ».

Je ne pourrais m'arrêter d'écrire.

Joy, 16 ans

La fluidité est le sommet de l'intelligence émotionnelle : les émotions constituant le combustible, l'énergie de la réalisation. Cet état est incompatible avec l'ennui ou l'inquiétude. C'est une expérience enthousiasmante, une joie spontanée, gratifiante en elle-même, où l'on s'absorbe complètement dans la tâche. La fluidité se brise si l'on réfléchit à ce que l'on fait. C'est la raison pour laquelle le maître mot en atelier est : « Ne réfléchissez pas, allez-y, vous n'avez rien à prouver. »

On est tellement absorbé qu'on oublie ses soucis, on ne se demande pas si on va réussir ou pas, on est dans le pur plaisir de se livrer à une tâche que nul ne nous a imposée et qui se déroule facilement.

> *« Une concentration tendue, alimentée par l'inquiétude, augmente l'activation corticale. Le même phénomène se produit lorsque la personne s'ennuie. De là, fatigue et perte de concentration. En revanche, la zone de fluidité est une oasis d'efficacité corticale, avec une dépense minimum d'énergie mentale : dans cet état, même les travaux difficiles peuvent sembler reposants ou réparateurs[1]. »*

C'est ce qui explique que les jeunes se trouvent à la fois « réveillés » et reposés en sortant de l'Atelier d'Écriture Partagé, disponibles aux autres cours.

L'Atelier d'Écriture Partagé permet d'écrire pour libérer son potentiel, pour mettre en culture ses ressources dans un climat de confort et de sécurité.

Libérer sa voix

La plupart d'entre nous doivent se plier aux exigences du Moi, à l'obligation de plaire, de remporter l'adhésion de notre environnement. Notre Moi est objet, tous nos efforts visent à en faire un objet

---

1. Daniel Goleman, *op. cit.*

de désir plutôt que de rejet. Derrière le Moi, le Je – sujet – est tout entier dédié à l'action.

> *« Le Moi est monôme et mondain, le Je, libre et polychrome. Notre Moi nous enchevêtre à nous-même, notre Je nous délivre et nous échange[1]. »*

Notre image est soumise au Moi, notre voix est reliée à notre Je.

L'Atelier d'Écriture Partagé « abat le loup du Moi et ressuscite le Je[2] ». Voici comment.

Le passage par l'écrit en un temps limité permet de court-circuiter totalement la tendance au vouloir-plaire-à-tout-prix, qui fait de beaucoup d'entre nous des caméléons, passés maîtres dans cet art qui conduit à l'épuisement personnel. L'écriture qui nous a obligé à reconnaître et honorer nos propres sentiments, va permettre de développer une intelligence équilibrée qui donnera autant de place à l'intelligence intrapersonnelle qu'à l'intelligence interpersonnelle.

En Atelier d'Écriture Partagé, tout ce qui relie les êtres passe par la voix : le texte d'accroche est lu par l'animateur, jamais donné en polycopié pour ne pas inhiber les processus créateurs, pour que l'écoute soit libre et sensible. Les participants lisent eux-mêmes leur production à voix haute, en toute sécurité, ils ne lisent que ce qu'ils veulent lire, et ils sont délivrés de la blessure de la correction en rouge. Notre texte, c'est notre vie. Personne ne pourra jamais dire la blessure intime que constitue l'obligation de devoir livrer son texte nu à la critique du professeur et de le retrouver maculé de rouge, disséqué, sans vie. C'est tout ce passé de petites blessures que l'Atelier d'Écriture Partagé guérit, dans la joie et le soulagement. Plus personne n'est enfermé dans sa propre image. Il lit et sa voix le porte librement, lui rend sa vraie dimension. La plupart des adolescents ne peuvent s'empêcher de sourire en lisant, ils se tiennent droit, ils regardent vraiment, ils écoutent vraiment : ils sont des personnes.

---

1. Vincent Cespédes, *Je t'aime*, Flammarion, 2003.
2. *Ibid.*

Libérer nos images intérieures

Pendant les lectures, chacun est concentré, le regard fixe, happé par le cinéma mental qui se déroule simultanément à l'écoute, concentré sur la subtilité de ses propres émotions, saisi par la gerbe de souvenirs personnels que les écrits sincères des autres suscitent.

Ce partage entraîne la capacité d'évocation, qui est en train de disparaître des compétences des jeunes, pris en écharpe par le recours incessant à l'image extérieure. Les images de petite dimension (télé, ordinateur, console de jeu) recèlent un fort pouvoir hypnotique qui délivre sur l'instant mais finit par atrophier l'aptitude à créer de l'imagerie mentale. En effet, tout recours extérieur pousse notre organisme à mettre en veilleuse la fonction correspondante : c'est la tendance naturelle de l'économie d'un organisme. Une aptitude non utilisée ne perdure pas, c'est ce qui permet aux espèces de muter et de s'adapter aux nouvelles conditions de vie. Mais dans le cas qui nous occupe, cette évolution se révèle évidemment préjudiciable à l'autonomie et au développement personnel de l'individu.

Maîtriser nos émotions

Se délivrer du passé

> *L'atelier d'écriture, c'est comme un sac de frappe, on peut se vider l'esprit sans jamais avoir peur de recevoir en retour.*
>
> *Guillaume, 15 ans*

> *L'atelier d'écriture, l'heure, si courte, où je me sens le mieux, comme si j'étais chez moi.*
>
> *Joy, 16 ans*

> *L'atelier d'écriture, c'est un moyen de se libérer des choses qui nous pèsent sans avoir peur d'être jugé. C'est un moment de liberté où l'écoute est primordiale.*
>
> *Anne-Lise, 15 ans*

C'est bien ce phénomène, cette tendance instinctive au soulagement des tensions qui va pousser la plupart des adolescents à raconter dès le départ de l'atelier leurs souvenirs les plus douloureux. Il arrive même fréquemment que le recours à ce type d'écriture permette d'un seul coup de retrouver des souvenirs enfouis, en une sorte d'illumination spontanée, des traumatismes, des blessures que le petit enfant que nous avons été avait soigneusement occultés. Le climat de sécurité au sein du groupe permet de retrouver ce que la solitude continuerait à nous cacher. Et pourtant, notre vie a tellement besoin de se souvenir pour avancer, pour ne pas faire payer aux autres, nos aimés, nos enfants ce que nous avons souffert sans même en avoir conscience ! Mais le processus se déroule ici en parfaite sécurité : l'organisme s'autorégule et on n'évoque jamais plus qu'on ne peut évoquer. En passant de l'expérience vécue à la création écrite, le souvenir passe de l'imaginaire au symbolique et perd ainsi peu à peu son pouvoir venimeux. Par le partage et l'écoute empathique que l'on reçoit des autres, on désamorce le mécanisme du refoulement, on transforme la souffrance passée en bonheur présent puisque cette souffrance nous permet de nous échanger avec nos pairs.

> *« La rééducation d'un cerveau émotionnel traumatisé passe par le jeu et le rêve éveillé. La répétition de l'événement traumatique permet d'éviter le refoulement du souvenir douloureux qui pourrait sinon ressurgir de manière déguisée et influencer de façon inadéquate les réactions aux circonstances. Le sentiment de sécurité qui en découle immédiatement permet d'aller plus loin dans l'évocation[1]. »*

Là encore, c'est bien l'espace de liberté créé par l'écriture qui permet de se situer dans une perspective de création, et non de plainte. Cela change tout. Les sentiments s'échangent simplement, on n'est ni dans le déballage, ni dans la conduite thérapeutique, on est dans la transformation. Le symbolique délivre de l'imaginaire. Les mots sont nos outils de pouvoir sur nos émotions. Quand ils se fraient un chemin de cœur à cœur, comme c'est le cas en atelier, la libération est totale.

---

1. Daniel Goleman, *op. cit.*

Se libérer des entraves inconscientes

Ce que nous rappelle une chose peut être beaucoup plus important que ce qu'elle est en réalité… Les émotions passées conditionnent nos réactions, sans même que nous ne nous en apercevions. Nous utilisons très bien notre esprit rationnel pour justifier nos humeurs, et nous parvenons à nous convaincre que nous comprenons les forces en action, lors même que nous en avons faussé la perception.

> *« Beaucoup de conflits naissent ainsi parce que l'esprit émotionnel a enrôlé l'esprit rationnel[1]. »*

Plus on sera conscient de cette mémoire émotionnelle, plus on aura de chance d'être disponible et « frais » dans le moment présent. L'oubli n'est pas une garantie de fraîcheur, comme on le croit souvent, c'est au contraire la toute-puissance de l'esprit émotionnel dans la plus complète impuissance de l'esprit rationnel.

La réalité dépend de l'état affectif du moment.

Écrire à partir du passé, exhumer des instants de la gangue de cette mémoire émotionnelle permet de l'éclairer d'un jour nouveau. En utilisant ses souvenirs comme combustible à cette locomotive de création qu'est l'état de fluidité, on revisite son passé jusqu'à en faire une richesse. C'est grâce à tout ce que j'ai vécu que je peux écrire cela et l'échanger avec mes pairs sur un mode aussi sensible. En améliorant notre état de vie présent, nos causes négatives se transmuent en causes positives. Nous n'avons pas à rester prisonnier du passé puisque nous pouvons même le changer.

Soulager l'anxiété de l'isolement

La carence dans ce domaine transforme souvent la vie au collège en un véritable enfer. La plupart des adolescents ont de moins en moins la main sur leurs manifestations émotionnelles. Le monde de l'enseignement comprend aujourd'hui à ses dépens que son sys-

---

1. *Ibid.*

tème a un point faible inquiétant : sa méconnaissance des bases de l'intelligence émotionnelle. Mais tandis que de grands efforts sont faits pour améliorer le niveau scolaire, rien n'est fait pour remédier à cette insuffisance alarmante. De ce fait, les symptômes de « dénutrition émotionnelle » des jeunes s'intensifient au point de commencer à mettre tout le système scolaire en péril.

On est frappé de voir dans les cours de collège à quel point les élèves ont un discours négatif sur l'école. On est frappé aussi du nombre grandissant d'adolescents repliés sur eux-mêmes et souffrant de problèmes relationnels, d'adolescents stressés en proie à une peur constante, ou dans l'incapacité de concentrer leur attention, d'évoquer mentalement le contenu d'un discours ou d'un texte, d'adolescents enfin trouvant un recours dans toutes les formes d'agressivité, dans le mensonge, le goût de la destruction ou le plaisir de tourmenter les autres. Le phénomène s'accentue à grande vitesse en Occident car la famille y est soumise à des pressions économiques considérables. Les temps de rencontre réelle entre personnes d'une même famille se sont réduits en quantité, parce que le travail ou les soucis financiers grèvent la plus grande part de la disponibilité des adultes. Ils se sont aussi réduits en qualité parce qu'ils sont parasités par les multiples entrées des médias, télévision, internet. Tout cela a abouti à réduire la fréquence des petits échanges qui permettaient à l'intelligence émotionnelle de se développer.

L'école, le collège se retrouvent dans l'obligation de faire face à cette nouvelle demande : prendre en charge l'éducation émotionnelle des enfants. Elle va devoir se doter de dispositifs nouveaux, avant d'être totalement débordée par les comportements déviants et la démotivation des élèves. L'Atelier d'Écriture Partagé peut être une véritable réponse à cette nécessité.

La conscience de soi

L'écriture permet de juguler l'anxiété, absolument inaccessible à tout effort de volonté directe. Selon les travaux du professeur Borkovec, le premier pas vers la maîtrise de ce penchant est la conscience de soi.

Pour les raisons exposées plus haut, l'Atelier d'Écriture Partagé permet vraiment de contacter, de reconnaître et d'assumer ses émotions.

L'action

Le deuxième puissant antidote à la peur, c'est l'action. Non l'action imposée, mais celle que l'on a librement décidée, qu'on est absolument capable de mener à bien, qui nous libère totalement de la crainte de l'échec. La condition *sine qua non* de l'Atelier d'Écriture Partagé pour l'animateur étant bien cette totale absence d'attente de résultat écrit, cette unique valorisation de la présence, cette vérité maintes fois répétée que chacun est unique et indispensable, les participants sont mis d'emblée en sécurité. Dès lors, chacun peut faire cette merveilleuse expérience de la fluidité, qui libère un incroyable potentiel créateur : agir facilement, de soi-même.

Par son pouvoir réconciliateur, l'Atelier d'Écriture Partagé dissout les tensions et donne donc un plus grand accès à la maîtrise des émotions.

L'attention au réel

Le travail de précision dans l'écriture permet de développer une plus grande attention au réel, d'aiguiser ses sens, de déterrer peu à peu cette faculté d'étonnement qui fait de chaque aspect de la réalité un domaine d'investigation passionnant.

L'étonnement est une sorte d'arrêt sur image propice au changement. C'est ce qui nous libère de la tyrannie obsédante de nos pensées. La liberté, contrairement à ce que l'on pense, n'est pas dans le rêve, elle est dans la fusion libre et ouverte avec la réalité, dans la vigilance, dans la fraîcheur de notre accès au monde. C'est bien cette attitude qui nous permet peu à peu de nous libérer de nos peurs et de notre esprit critique.

La responsabilité

Enfin, les jeux d'interprétation, de décalage dans le regard ouvrent sur une perspective créatrice. On se rend compte qu'il n'y a pas qu'une seule lecture possible du réel. On passe de ce mythe actuel de l'objectivité au principe de notre pleine responsabilité dans la façon d'appréhender la réalité, se détachant ainsi peu à peu du sentiment d'impuissance qui génère une grande angoisse.

« L'homme libre, dit Christiane Singer, est un homme que le monde interroge, et qui répond. » C'est bien cette disponibilité au réel qui va peu à peu permettre de juguler aussi la colère, poison des relations interpersonnelles.

L'Atelier d'Écriture Partagé, creuset de paix interpersonnelle

L'aptitude à l'empathie

L'atelier d'écriture, c'est parler pour mieux comprendre les autres.

Jean-Marc, 15 ans

L'atelier d'écriture, c'est un concentré d'amitié.

Briac, 14 ans

Un monde sans empathie

Une cour de collège est soumise à des règles d'une grande sauvagerie, un esprit de meute. Malheur à celui qui est seul, il sera le déversoir de toutes les pulsions agressives, et chacun se pliera aux exigences les plus absurdes pour rester affilié à la bande. Un seul écart vestimentaire, par exemple, et on endosse immédiatement le rôle du bouc émissaire. La plus grande peur des adolescents est celle de l'aliénation. Le salut est dans l'uniformité. Les pactes se font invariablement sur le dos de quelqu'un. Ce n'est pas la loi de la jungle, c'est pire. Il n'est pas question d'indifférence, il est question de la volonté délibérée de tourmenter, la cruauté inconsciente de l'enfance doublée du mal-être de l'adolescence. En général, les adolescents ont conscience de mal faire lorsqu'ils tourmentent un plus faible qu'eux, élève ou professeur, mais comme ils le disent : « C'est plus fort que moi, et puis les autres le font, je ne veux pas risquer ma réputation en prenant sa défense. Et puis… c'est marrant. »

Une cour de collège est un abrégé concentré du fonctionnement social : la soumission à un ordre plus fort est plus puissante que le sentiment d'humanité – on pense ici à la terrifiante expérience menée par Stanley Milgram sur l'influence de la soumission sur les comportements sociaux : plus de 60 % des personnes volontaires pour le test envoyèrent des décharges mortelles aux (faux) cobayes humains parce qu'une instance autoritaire (des scientifiques en l'occurrence) le leur ordonnait. Une émission de télévision a reproduit la même expérience en remplaçant les scientifiques par l'animatrice du plateau TV : les chiffres sont encore plus atterrants car plus de 80 % de volontaires sont allés jusqu'à la décharge mortelle.

La racine de ce mal est bien cette barrière entre soi et l'autre, ce refus de ressentir ce que ressent l'autre.

L'empathie, notre héritage

Et pourtant, les travaux de neurologie ont montré que l'empathie se développe dès la prime enfance : dès l'âge de 1 an, un enfant éprouve du désarroi dès qu'il voit un autre enfant tomber ou se mettre à pleurer. Elle atteint sa forme la plus accomplie vers la fin de l'enfance et fait donc partie de notre potentiel naturel. Il lui faut juste des conditions de développement appropriées. Plus tard, elle est la base de tout sens de la justice, tout respect de la vie d'autrui, tout ordre moral. Elle est absolument nécessaire pour faire mûrir nos talents interpersonnels.

> *« Les carences dans ce domaine se traduisent par de l'ineptie sociale ou des échecs interpersonnels à répétition. C'est l'insuffisance de ces capacités qui peut conduire les plus brillants des individus à échouer dans leurs rapports sociaux et à être perçus comme arrogants, odieux ou insensibles. Ces capacités permettent de mobiliser, d'inspirer, de persuader, de mettre à l'aise[1]. »*

---

1. Daniel Goleman, *op. cit.*

L'empathie est le seul remède à la colère, au cynisme, à la cruauté et à l'indifférence. Aucun règlement intérieur, aucun système de punition, aucun raisonnement ne viendra à bout d'une pulsion destructrice puisque pulsion émotionnelle et intelligence mentale ne communiquent pas.

Antonio R. Damasio, un des plus grands neurologues de ce temps, père de la notion d'intelligence émotionnelle, explique :

> *« Nous sommes presque aussi efficaces pour mettre un terme à une émotion que nous le sommes pour empêcher un éternuement. Nous pouvons essayer d'empêcher l'expression d'une émotion, et nous pouvons y parvenir en partie, mais (...) sans jamais être capables de faire barrage aux changements automatiques qui se produisent sous son emprise dans les viscères et le milieu interne[1]. »*

Le seul moyen d'enrayer une émotion est de lui opposer une autre émotion, de plus grande envergure. Et c'est le cas de l'empathie, constituant notre patrimoine émotionnel le plus lointain.

L'Atelier d'Écriture Partagé, un terreau d'empathie

Le partage des écrits et le recours à la pensée de l'autre pour préciser la sienne propre lui donnent un véritable tremplin (voir les techniques d'animation interactives à l'œuvre dans les séance 1 du cycle II, par exemple, ou séances 8 et 9 du cycle IV). Les émotions ont la caractéristique d'être contagieuses – c'est un axiome de psychologie sociale – et fabriquent un véritable ciment psychologique au sein d'un groupe. Ce phénomène est d'autant plus fort que l'expression de chacun aura été orale, utilisant tous les signaux de communication non verbale en plus des mots écrits et lus[2]. En effet, quelle que soit

---

1. *Le Sentiment même de soi*, Odile Jacob, 2002.

2. Les travaux d'un neurobiologiste suédois, Ulf Dimbert, ont montré que lorsque nous voyons un visage souriant ou furieux, de légers mouvements de nos muscles faciaux laissent transparaître l'émotion correspondante : nous ressentons ce que ressent l'autre, en une sorte de chorégraphie synchronisée.

la culture, l'émotion et les jeux de physionomie qui l'expriment sont absolument universels. Une seule expérience de cet ordre change radicalement l'esprit d'une classe ou d'une équipe de travail.

C'est aussi parce qu'elle développe la conscience de soi que l'écriture développe l'empathie : plus nous sommes sensibles à nos propres émotions, mieux nous réussissons à déchiffrer celle des autres.

Ressentir le pouvoir de l'écoute empathique

La phase de la lecture des écrits est vraiment décisive. C'est la rencontre des « je », d'un haut niveau de sincérité, puisque les participants se trouvent exactement dans la même vulnérabilité. Chacun donne ce qu'il vient d'écrire, sans fausse honte ni arrogance, et ressent comme un inestimable cadeau la qualité de l'écoute qui lui est offerte.

Comment ça marche ?

Du point de vue de celui qui écoute

Cette écoute quasi miraculeuse a pourtant bien une explication. C'est tout simplement parce qu'on vient de se livrer à la même recherche dans sa sensibilité qu'on est tout spécialement concerné par la production qu'on écoute. Chacun a le sentiment que les autres textes le complètent, offrent une autre résonance à sa mémoire ou à son imaginaire. C'est un peu comme si le marteau du texte écouté allait frapper sur des touches éloignées de notre propre xylophone. On avait bien ces cordes sensibles, mais on les ignorait avant qu'elles ne soient ainsi sollicitées. Ce phénomène n'est possible que si on a fait le même plongeon, en même temps, dans son univers intérieur. Cette écoute active développe forcément la sensibilité littéraire, mais à partir d'une situation vivante, où auteur et lecteur se rencontrent et se génèrent mutuellement. C'est ce qui explique la « gourmandise » qu'on peut avoir à écouter les textes des autres.

De plus, le travail de l'écriture a aiguisé notre aptitude à l'étonnement. Quand nous percevons des détails que nous n'avions jamais

242

perçus auparavant, les êtres aussi deviennent beaucoup plus inté-ressants. C'est aussi pourquoi l'écoute des autres textes devient une communication hypnotique : grâce à cette écoute et cette observa-tion vigilante, chaque participant accède à ce niveau inconscient où siège l'intuition. Cette communication de haut niveau permet un accouchement mutuel de cette sorte de « savoir devenir » qu'est l'intuition.

Du point de vue de celui qui est écouté

Pour celui qui lit, cette écoute active et empathique constitue une véritable remise au monde, un instant où l'on perçoit presque phy-siquement cette sorte de pulsion compassionnelle profondément humaine. Quand bénéficie-t-on de ce genre d'écoute absolue, où notre interlocuteur s'oublie, s'abstient de commentaires, ne prépare pas sa réponse ? Pour beaucoup d'entre nous, c'est une expérience unique, au très fort pouvoir identitaire, tant il est vrai que nous nous construisons pour et par les autres.

L'enfer, ce peut être les autres, mais c'est aussi, comme le disait l'abbé Pierre, moi sans les autres. Un participant, François, disait : « Les autres me donnent des nouvelles de moi. » Et il est vrai que si la dépendance nous fige, l'interdépendance participe à notre évo-lution. Par cette écoute, chacun a eu la possibilité d'être vraiment lui-même, il est désormais capable de refonder la communication sur une base saine et productive.

Le terme « bombe de paix » à l'endroit de l'Atelier d'Écriture Partagé n'est pas exagéré. Le premier collège à l'avoir mis en place a constaté dans les trois premiers mois une disparition de toute dégradation de matériel et des plus graves cas de violence dans la cour. En soulageant l'isolement, l'Atelier d'Écriture Partagé devient un pôle de dialogue qui, de fission en fission, finit par gagner tout un établissement.

L'Atelier d'Écriture Partagé est capable de prendre en charge la pré-vention d'un grand nombre de violences, parce qu'il répond à un besoin crucial : celui de se trouver en *contact réel avec l'autre*. Nous avons perdu de vue cette évidence.

L'empathie n'est ni un luxe ni un espoir de rêveur, elle est une nécessité sociale et biologique. C'est un aspect de l'éducation que nous devons développer de toute urgence.

> *« Le sentiment d'urgence peut réveiller nos consciences, nous rappeler que l'enjeu crucial du XXIe siècle sera d'élargir le cercle de ceux que nous considérons comme Nous et de réduire le nombre de ceux qui nous apparaissent comme Eux. Le câblage de notre cerveau social nous relie tous au noyau de notre humanité commune. »*[1]

---

1. Daniel Goleman, *Cultiver l'intelligence relationnelle*, Robert Laffont, 2009.

Vous avez certainement à présent de quoi animer des moments très heureux avec tous les publics. Il reste beaucoup d'autres pistes à explorer, en particulier à la suite du cycle III. Vous avez eu dans cet ouvrage un aperçu du chemin intérieur que l'on peut parcourir avec l'Atelier d'Écriture Partagé, mais cette forme de thérapie brève recèle d'infinies possibilités. S'appuyant sur l'approche systémique, les travaux de l'école Palo Alto et ceux de Milton Erickson, ces techniques permettent de pointer de plus en plus finement ce dont notre vie a besoin dans le moment en cours. Le deuxième et troisième jours de la formation de cycle IV y sont consacrés : ces approches dépendent énormément de ce que chaque stagiaire apporte comme questionnement ou problématique.

Il ne me reste qu'à vous souhaiter tout le bonheur que j'éprouve à animer des Ateliers d'Écriture Partagés, tout cet émerveillement suscité par la présence de chaque personne et la qualité de l'interaction entre les êtres. Et à souhaiter l'essaimage d'une multitude d'ateliers d'écriture partagée, dans tous les lieux, dans tous les contextes, éducatifs, professionnels, associatifs, thérapeutiques, en une multitude d'oasis humanistes propres à faire vraiment reculer le désert.

Maintenant, c'est à vous !

ANNEXES

Bibliographie

BONIFACE Claire, avec la collaboration de PIMET Odile, *Les Ateliers d'écriture*, Retz, 1992.

CHARON Jean-Émile, *Le Tout, l'esprit et la matière*, Albin Michel, 1987.

CYRULNIK Boris, *Je me souviens...*, Odile Jacob, 2010.

DAMASIO Antonio R., *Le Sentiment même de soi*, Odile Jacob, 2002.

DUCHESNE Alain, LEGUAY Thierry, *Les Petits Papiers*, Magnard, 1991.

DUCHESNE Alain, LEGUAY Thierry, *Lettres en folie*, Magnard, 1999.

GOLEMAN Daniel, *Cultiver l'intelligence relationnelle*, Robert Laffont, 2009.

GOLEMAN Daniel, *L'Intelligence émotionnelle*, J'ai Lu, 2003.

HAMILTON Edith, *La Mythologie*, Marabout, 2007.

KOURILSKY Françoise, *Du désir au plaisir de changer*, Dunod, 1999.

LOREAU Dominique, *L'Art des listes*, Marabout, 2008.

ROCHE Anne, GUIGUET Andrée, VOLTZ Nicole, *L'Atelier d'écriture, éléments pour la rédaction du texte littéraire*, Bordas, 1989.

RONDIER Camille, *34 Fiches de perfectionnement à l'écriture créative*, Éditions d'Organisation, 1992.

STACHAK Faly, *Écrire, un plaisir à la portée de tous*, Eyrolles, 2004.

VERMEERSCH Gérard, *La Petite Fabrique d'écriture*, Magnard, 1994.

Table des œuvres littéraires citées

Index des auteurs cités

Index des notions

Si vous désirez suivre un stage,
vous pouvez voir le programme des formations sur le site :

www.evelyne-plantier.com

Ou joindre l'auteur par mail à l'adresse suivante :

arpae35@yahoo.fr